役者は一日にしてならず

春日太一

小学館

役者は一日にしてならず

目次

※登場は生年月日の順

装幀　前橋隆道
長島理恵
撮影　藤岡雅樹
渡辺利博
横田紋子
林　紘輝

はじめに

本書は、今も現役として活躍するベテラン俳優たちに、その役者人生を語っていただいたインタビュー本だ。

こうした取材の重要性を気づかせてくれたのは、三國連太郎だった。

２０１１年2月、懇意にさせていただいているフジテレビのプロデューサーから、耳寄りな情報を得た。次の『鬼平犯科帳スペシャル』のゲストが、三國連太郎だというのだ。人間国宝になったばかりの中村吉右衛門＝鬼平に、伝説の名優が盗賊役で挑む。これは絶対に生で目に焼き付けておきたいと思い、すぐさま個人的に取材を申し込み、京都へ向かった。

それだけでも十分にぜいたくなことなのだが、その上に撮影前夜、「せっかくの機会だから三國にインタビューしてはどうか?」という申し出を製作サイドからいただいた。もちろん、異存はない。二つ返事で了解した。

インタビューは夕方の撮影前に行われることになり、筆者は念のため昼前に撮影所に入った。が、陽が暮れかかってきても、三國は現れない。聞けば、既に役に入り込んでいて、とてもお話をうかがえる状況ではないという。インタビューは撮影後ということになる。

そして、撮影本番。外は完全に暗くなり、いつしか大雪となっていた。スタジオは冬の京都ならではの底冷えがする。それを物ともせず、米寿を迎える三國は薄い木綿の衣装のみで堂々と演じていた。

撮影が終わり、ようやくインタビューの席が設けられる。が、過酷な撮影に三國は疲れきっており、与えられた時間は「タクシーが撮影所に到着するまで」だった。それは、五分前後しかない。質問は、どうしても聞いておきたかった二つに絞った。

以下は、そのインタビューの模様である。

——三國さんの出られた時代劇を拝見しますと、座り姿に独特の迫力と気品があります。そうした所作は、どのように身につけられたのでしょうか。
三國　僕は全くの素人から俳優になって、現代劇しかやったことがありませんでした。時代劇に関して、最も勉強させていただいたのは阪妻（阪東妻三郎）さんです。最初にやった時代劇『稲妻草紙』（１９５１年）を含めて二本ほど芝居をやらせていただきました。あの方には独特の発声があるわけですが、「あ、昔の時代劇の俳優さんはこういう芝居の入り方をしているのか。時代劇の本質とはこの辺にあるのかもしれない」と思ったんです。

それからは阪妻さんの見様見真似をしていましたから、僕は阪妻さんの物真似が上手いんですよ。

――時代劇のできる役者も少なくなりました。どうすれば次世代の担い手は育つでしょう。

三國　今の俳優さんは歩き方から違いますから。腰が落ちていません。その辺は、見様見真似で身につけるしかないです。

――三國さんも、かつては阪妻さんの真似から入られたわけですからね。

三國　阪妻さんは僕が芝居をすると、本番でも笑っちゃうんです。それほど僕が下手だったのでしょう。『稲妻草紙』は稲垣浩さんが監督でしたが、監督からは「ツマさん（阪妻）とか、古手の時代劇の俳優と付き合いながら勉強したほうがいいよ」と言われました。それで、京都へ来る度に古手の方々――アラカンさん（嵐寛寿郎）や伊藤大輔監督――のところに遊びに行って、それとなしに勉強させていただきました。

わずか六分のインタビューだった。が、この六分で天才と言われた名優の芝居の原点を知り、痛感した。その芸が磨かれていく裏側には映画に負けないドラマが息づいていて、その言葉に込められた想いは胸に突き刺さってくるものなのだ、と。役者の世界とは、我々から遠い煌びやかなファンタジーの世界では決してなく、同じ地続きにある生々しく泥臭い世界——三國から、そう教えられた気がした。

そのことに気付くのが遅かったため、三國にはわずか六分しかうかがえなかった。撮影の後しばらくして、三國はインタビューを受けられない状況になってしまったのだ。残しておくべき言葉は、もっとあったはずなのに——。

後悔は、もうしたくない。できるだけ多くの名優の言葉を書き留めていきたい。そういった問題意識の下、精力的に役者へインタビューをするようになっていった。

本書はそれらをまとめた、集大成的な一冊だ。

平幹二朗

1933年11月21日生まれ。広島県出身。53年俳優座養成所に入所（第5期生）、56年俳優座入団。『貸間探し』で初舞台。同年『森は生きている』で映画デビュー。翌年『獣の行方』でテレビ初出演。以後、舞台、映画、テレビで人気を得る。68年俳優座退団。在団中に浅利慶太・演出の『アンドロマック』、退団後、浅利演出『ハムレット』に主演し新境地を開いた。主な作品に『王女メディア』『近松心中物語』など。芸術選奨文部大臣賞、読売演劇大賞など受賞歴多数。98年には紫綬褒章、05年には旭日小綬章を受章。

平　幹二朗

俳優座への入団

平幹二朗は１９３３年、広島県で生まれた。

「生まれて九か月で親父が亡くなって、母一人子一人で育ったもので、凄く内気な子供でした。たとえば、学校の授業で答えが分かっていても手を挙げられない。手を挙げて指名されるとドキドキしちゃうんです。知らない人の前に出られませんでしたし、人の前に出て話すとか、目立つことが凄く苦手な子供でした。

それは今でも残っていて、人前で話をすることができないんです。ですから、講演会とかは絶対に受けません。自分の言葉で自分を語ることが怖いんです」

高校時代は映画監督を志す。当時、監督になるには、大学を出て映画会社に就職し助監督として採用されるしか道はなかった。が、平は「数学が全くできなかった」ため、大学進学を諦めていた。そんな１９５２年、十九歳になった平は演劇雑誌で俳優座養成所の募集広告を見かける。演出部もあるため、ここをきっかけに映画監督になる道が開けるのではと思ったのだ。

当時、俳優座には東野英治郎、小沢栄太郎、三島雅夫といった名優たちが在籍していた。

「大学へは入れませんから、ここへ行って誤魔化そうかと思ったんです。ところが一年目は試験に落とされました。広島弁が強すぎるということでした。それで翌年に受かったんですよね。

そういう訳で養成所に入ったくらいですから、演劇を目指した演劇青年ではありませんでした。ですから、養成所の後で俳優座に残ることもできたのですが、本気で演劇をやる気は僕の中にはなかった。半分アマチュアみたいな意識でしたね。それでもチャンスには恵まれまして、一年目にはＮＨＫの芸術祭参加ドラマの主役オーディションに受かったり、俳優座でもまあまあ役がついていました。

本気になったのはそれから四、五年経ってからです。その頃は東映でたくさんの時代劇映画に出ていました。映画に出ていると俳優座の芝居での役の付き方が少なくなっていった。劇団には毎年のように新人が入ってきて目新しさは薄れていきますし、映画やテレビに出ていると芝居での役の付き方も少なくなる。付いても出たくないレパートリーだったり。

そんな時に、小沢栄太郎さんがシェイクスピアの『十二夜』を若手だけ使って演出されることになったのですが、主役は下級生たちで、僕は一言くらいしかセリフのない船乗りの役でした。

京都で時代劇の撮影をして東京で舞台の稽古をして京都へまた戻る生活で、稽古に身が入ってなかった。そこを小沢さんに見抜かれました。『お前、やる気あるのかよ！』と怒られまして。どんな役でも一生懸命やらなければならないのはよく分かっているのですが、つまらない役はやっぱりつまらないですよね。

ちょうど千田是也さんが田中千禾夫《ちかお》さんの『千鳥』という芝居を同時上演することになり、いい役で僕を引き抜いてくれたんです。それがなかなかいい作品だったので、少し本気が出てきた気がします」

平幹二朗

その後、平は俳優座のトップである千田是也が演出する舞台に数多く出演することになる。1964年、日生劇場での千田演出の『ハムレット』では、若くして俳優座の看板俳優となっていた仲代達矢演じる主人公の親友・ホレイショー役を任された。

「墓掘りが真ん中にいて昔の人のシャレコウベを見ながら『生と死ははかないものだ』と話をする有名なシーンがあります。そこで仲代さんと僕は考え深く話を聞きながら歩くんですが、僕にはセリフがありませんでした。

それで自分なりに役を一生懸命作ろうと思いまして。時々立ち止まったり、考え込んだりとやっていたら、千田さんに『お前は犬のようにただ付いて歩きゃいいんだ』と言われまして。その時は『ああ、俺は主役じゃないから馬鹿にされている。仲代さんだけ贔屓して、俺はただ犬のように歩くのか』と思いました。ところが、この時の僕の芝居がとても評判が良かった。

それで後になって気づいたのは、犬が忠実に人間の後をついていくように何もしないで黙々と歩いていれば、ハムレットを心配する友人の姿が出るんだということです。自分の自己主張なんていらないんですよ。その場面で必要なのは仲代さんが墓掘りと生と死を語ることだけであって、僕の役はハムレットにただ従って歩いていることで親友関係を表現できる。自己主張ばかりでなく、消していく。『消して、存在する』ということを、千田さんは僕に教えてくださったのだと分かりました」

東映時代劇から『三匹の侍』へ

1960年代初頭から半ばにかけて、平幹二朗は数多くの東映時代劇に悪役として出演している。

「東映ではいかにも時代劇っぽい俳優ではなく、時代劇の素人の僕のような、ルールを無視した好き勝手な演技が面白がられました。悪役をできる俳優が年代的にちょうど空いていたというのもあります。当時は時代劇を量産していた頃ですから、撮影所の中でいくつも役を掛けもちしてましして。昼は（中村）錦之助さん、夜は（大川）橋蔵さんの両方の現場で斬られるとかね。ただ、これでいいのかなという感じは持っていました。

いま思うと錦之助さんとの『親鸞』の破戒坊主や『宮本武蔵』の三十三間堂の戦い、三國連太郎さんの『王将』での関根名人、面白い役をやらせてはいただいたのですが。やはり、主役ではありませんでしたから。打ちこめるような役には巡り合えませんでした。主役をやるようになって、芝居にしっかりしたものを見つけることができたように思えます。

平幹二朗

消して、存在する。

時代劇の所作は東映時代劇にたくさん出たおかげで覚えられましたね。古いしきたりや、裏方の技術が集結した撮影所ですから、一つ一つの芝居に細かく駄目が出るんです。それで自然に身についていきました。時代劇に慣れた方の中に入り込んでいったので、一から丁寧に教えていただけました」

1963年、フジテレビの五社英雄監督による大ヒット時代劇『三匹の侍』で丹波哲郎・長門勇とともに主役の一人を演じたことで、知名度と人気は全国的に広がっていった。

「『三匹』の時は一夜にして有名人になったという感じでした。第一回目が放送された翌日から急に世間の人が僕のことを見るようになりました。

ただ、僕は立ち回りが嫌いなんです。覚えられないし、下手でして。活劇的なチャンバラというのは本当に苦手で、いっぱいやったくせに死ぬほど嫌なんです。時代劇は好きですし、『三匹』も好きな作品だったのですが。殺陣が下手だった。

当時はまだ一軒屋に住んでなかったので夜中に道端で稽古して周囲を驚かせたりしていましたが、それでも上手くなりませんでした。『眠狂四郎』のような美的感覚をもった剣客は演じていて凄く気持ちいいのですが。苦悩を背負った時代劇は好きなのですが、『斬りまくって快感、万歳』というような時代劇は好きになれません。

闘争精神が少ないのかもしれません。時代劇でも大河ドラマの『樅《もみ》ノ木は残った』とかは剣戟がなくて、人間の苦悩を描いているから好きなんですけどね」

映画やテレビドラマでは主役と脇役の双方を演じてきた平だが、舞台では若手時代を除くと長く主役を務め続けてきた。近年になって脇役での出演も増えている。舞台の場合、主役はほぼ出ずっぱりだが、脇役は出入りが多い。そのため、本番中の心持ちも変わってくるようだ。

平　幹二朗

「芝居では主役を四十年くらいやってきて、この十年くらいですかね、脇に回るようになったのは。脇役だと、主役時代のグッとくるものがないのは事実です。これは俳優には越えていかないといけない過程なのですが、僕は来るのが遅かった。芝居の主役の手応えっていうものは、体が忘れないんですよ。理性ではもう僕はそのポジションじゃないと分かっているのですが。そこが歳をとった俳優のつらいところです。でも、今『主役をやれ』と言われたら、セリフを覚えるのが大変でしょうけれども。

俳優座時代、東野英治郎さんと何かの芝居でご一緒した時のことなのですが。セリフのスピードをちょっと丁寧にということを意識して演じていたら、東野さんに『幹、君は自分の心理の流れでやっているだろう。でもこの芝居自体はもう一つ速いテンポで進んでいっている。自分の役のテンポと芝居が進むテンポは同じではないんだよ。自分の気持ちで喋っていたら、遅すぎる時があるんだ。芝居は主役が芯をとってリードする。その流れている芝居のテンポに沿って、自分の役を作っていかなきゃいけない』と言われました。

今、自分が脇をやるようになって、東野さんのおっしゃったことがよく分かります。芯をやっている時は芯のテンポで芝居が進んでいきますけど、脇をやっている時は、そのテンポに乗って、必要なことをやっていく。遅らせてはいけないんです。全体を見て演じるということが、今頃になって分かりました」

浅利慶太との出会い

1968年、それまで十年以上所属してきた俳優座を離れ、劇団四季の団友になる。四季を率いる浅利慶太とは、その二年前に浅利演出の舞台『アンドロマック』に出演した際に出会っていた。

「その当時は新劇全体のレパートリーが政治的なアピールをする作品傾向になっていまして、居心地が悪くなってきたんです。僕がやりたいのは、情念や愛憎を描いた、人間の芝居でした。

平　幹二朗

そんな時にたまたま浅利慶太さんがフランスの劇作家・ラシーヌの『アンドロマック』という芝居をやることになりましてね。日本では古典もの以外ではセリフの朗誦術の技術が確立されていないので、それを探し出して見つけたいと浅利さんは言い、僕と市原悦子さん、渡辺美佐子さん、日下武史さんとみんな三十代の中堅俳優を集めて、セリフだけでいろんなことを語る芝居をやっています。そこで僕は初めて『こういう芝居をやりたかったんだ』と思ったんです。

その後、四季の十五周年に『ハムレット』をやるから出ないかと言われました。ただ浅利さんとしてはヨソの劇団の者が十五周年の主役をやるのはまずいので、俳優座を辞めて来てくれないか、と。そこで初めて岐路に立って、俳優座を辞めました。

でも、四季には入りませんでした。劇団というものが僕には合わない感じがしていたんです。人の中で自分を強く出していくことができないので、劇団だとどうしても隅っこに行っちゃうんです。発言しないで、目立たないよう、いい子でいようとしてしまう。自分の思うことを、劇団にいては主張できないんです。そういう性格が分かったので劇団には入るまいと、今まで一匹狼でやってきました」

劇場で平の芝居を見ていて感じるのは、そのセリフの聞き取りやすさだ。ハッキリとして、それでいて流れるような調子で耳に入ってくるため、客席で聞いていてストレスが全くない。

「浅利さんは今も同じことをおっしゃいます。それは『言葉はあくまでも観客に伝わらなくてはならない』ということです。一つのフレーズが、一節ずつの音として全て綺麗に聞こえることを『音が切れる』というのですが。

たとえばセリフで『お』が続くことがあります。『たけお、おまえを、おこる』これを『たけおおまえをおこる』と言うと芝居では分からない。『たけ《お》』『《お》まえ《を》』『《お》こる』と言わないとお客には伝わらない。それでいて自然に言わなきゃいけない。それで初めて伝わるんです。

今の現代劇で僕が気になるのは、映画でもテレビでも、セリフが切れてないから聞こえないことが多いことです。その方が生活感のリアリティがあって、一音一音きれいに聞こえることはリアリティがないと捉える場合が多くなりました。ただ、三島由紀夫さんにしろ、シェイクスピアにしろ、台詞はちゃんと書かれているのですから、その言葉をはっきり客に伝えるのが役者のやるべきことではないでしょうか。お客さんに届いて初めてセリフだと思います。

ですから、感情を込め過ぎてもいけません。叫んで喉を使ったりすると必要以上の力がその声に伝わって声が割れて、音として独立して聞こえてこない。あくまでクールに言葉を伝えていかなきゃいけない。感情で芝居をするなってことです」

蜷川幸雄との格闘

平幹二朗は1976年、蜷川幸雄演出の舞台『卒塔婆小町』に出演している。そしてそこから十年以上に亘り、両者は数々の芝居を築き上げてきた。

「浅利慶太さんの芝居では、主役は少なくともまずは堂々と立っているように言われてい

感情で芝居をするな。

平幹二朗

ました。でも、それだけだと物足りなくなってしまうんです。ぐちゃぐちゃにして転げ回りたいって。そういう欲求が自分の中に出た頃、蜷川さんと出会いました。浅利さんも劇団四季でミュージカルに力を注がれていた頃で。ただ、僕は歌の基礎がないですから。勉強した俳優がどんどん出てきたら彼らに負けると思い、ミュージカルには出ないことにしたんです。

その頃、蜷川さんも自分の劇団を辞めて東宝で『リア王』や『オイディプス』といったいい芝居を作ってらっしゃった時期で。ちょうどそんな時、僕が主演するテレビドラマ『はぐれ刑事』（75年・日本テレビ）で蜷川さんが犯人役で出ていまして、昼休みに『蜷川さんの芝居に出してよ』ってこちらからプロポーズしました。

蜷川さんは三島由紀夫さんの追悼公演で『卒塔婆小町』という現代能楽の作品を国立劇場でやることになっていて。青年と九十九歳のお婆さんが出る芝居で、僕には青年の役のオファーが来たのですが、頼んでお婆さんの役をやったんです。それがとても評判がよくて、そこから一緒にやろうという作品が増えていきました」

平と蜷川が組んだ舞台は、『王女メディア』をはじめとするギリシャ悲劇、『ハムレット』などのシェイクスピア、そして近松モノ……と、そのほとんどが古典劇だ。

「演劇と政治が蜜月にあった時代がありましたが、僕は演劇青年ではなかったのでデモには参加せず、歌舞伎座にばかり行っていました。大成駒屋（五代目中村歌右衛門）とか、そういう芝居がとても面白くて。

それで歌舞伎の芝居を作る技術が段々と見えてきました。やれることはないんですが、観ていて分かるんです。そういうものが何となく頭の中にあったので、近松をやる時でも蜷川さんとは『僕らでしかやれない近松をやろう』と言いながら参考にしました。ハートだけではこなしきれないんです。絶叫するだけの芝居になってしまいますから。

封印切りとかそういう見せ場の段取りやテクニックを我々なりに使わないと、カタルシスまで持っていけない。いきなり叫んだところで、自分はカタルシスになれてもお客はカタルシスにはなれない。

蜷川さんは『ちょっと放っておくと平さんは〝形〟になっていくんだよ』と言っています。僕が〝形〟を見て知っていることは彼には邪魔だったのかもしれません。『長谷川一夫じゃないんだから』とか言われました。『〝形〟になりすぎる』と。〝形〟も必要だけど、もっとリアリティを込めろと言いたいのだと思います。それは分かっていましたが、表現なのですから、階段を一つ駆け降りるにしてもカッコよくというか、荒っぽい中にも美しさがいると思うんです。

それから蜷川さんは、セリフは『叫べ』と言います。でも、叫ぶとお客には聞こえない

平　幹二朗

んですよ。ですから、音が聞こえるように叫ぶようにしていました。

僕が幸いだったのは、俳優座で十二年間、千田先生から『新劇の喋り方』を教わっていたことです。『三人姉妹』という芝居に出た時、俳優座のベテランたちが主な配役で、僕たち若手は兵隊役だったんですが、稽古にずっと付き合っていました。

主役の方に『お父様は一年前の今日、あなたの名付け日に亡くなったのね』というセリフがあるのですが、一日中かかってもＯＫが出ないんです。千田先生は『全ての音が微妙に変わらなければいけない』と教えておられました。一生懸命に汗をかきながら演じれば演じるほど、セリフって平板になっていくんです。そういうセリフのニュアンスと音の変え方のテクニックを、千田先生は細かく指導しておられました。その稽古に出たことが、一番の勉強になりましたね。

そうやって俳優座で勉強した後で浅利さんの所でもっとはっきり喋るよう教わり、崩して情熱だけを伝えてほしいという蜷川さんと出会った。僕としては、俳優座で新劇の芝居を、浅利さんからは言葉の伝え方を、と基礎を鍛えられた後で、一生懸命やれば何でも許してくれる蜷川さんといろんな作品をやれたことは、幸せだと思っています。自分の成長に合わせて、三人の演出家と出会えたわけですから」

１９７８年、蜷川幸雄演出の『王女メディア』に主演している。人形作家の辻村ジュサブローがデザインした、乳房を剥き出しにしたような毒々しい衣装に身を包んだ異形の女形の姿は、観客に衝撃を与えた。

平　幹二朗

「その前に坂東玉三郎さんと『マクベス』をやりましてね。僕がマクベスで玉三郎さんがマクベス夫人でした。その時、僕は一生懸命にセリフを言っていたのですが、前の客席に目が行ったらご婦人方がセリフを言っている僕を見ないで、ジッと耐えている玉三郎さんを見ているんです。玉さんの美しさはもちろんあるのですが、ジェンダーを超えた存在の摩訶不思議な感じが好奇の目を引くんだと思いました。それで、僕も女形をやってみたくなったんです。

というのは、古典劇をやる時、解釈上の間違いがないように文献を紐解いたりして正しく演じようとする自分に壁を感じていまして。それを打ち破るにはジェンダーを変えるのも一つの方法だと。女を演じる場合、全ての一挙手一投足に新たな意識を持ってやらなきゃならないですから。だけど、僕は大きすぎるし、日本舞踊の素養があるわけでもない。そうなると、女でも鬼女か魔法使いか、そういうのしかできないと思っていました。

それで『王女メディア』なら、女の恐ろしさの極限をやり方によっては僕の肉体でもできるんじゃないかと。たまたまジュサブローさんの作品集を見ていたら、上が胸をさらけ出した女で足元は鷲の足という像が載っていたんです。こういう発想なら、僕でもできるんじゃないかということで、蜷川さんの了解をとってジュサブローさんにお願いしたんです。演技としては、泣き叫んで舞台を転げ回るとか、女形ではあっても従来の女形では本来やるようなことではないことを、あえてやろうとしました。

それから女を演じるのが面白くなりましてね。三島由紀夫さんの『サド侯爵夫人』の俗物性の怪物のような母親とか、異形の女性を演じてきました」

狂気を演じるということ

平は舞台以外でもＮＨＫ大河ドラマ『武田信玄』（88年）の武田信虎や『信長』（92年）の謎の占い師・加納随天など、狂気に憑かれた異形の人間を多く演じてきた。

「両方とも田向正健さんが脚本をお書きになっているんですよね。私は『アンドロマック』の舞台に出ている時、松竹の中村登監督の『夜の片鱗』という映画にも出ていまして。スケジュール的に大変だったのですが、その時に松竹で凄く気を遣ってくださった助監督が田向さんでした。それで、『武田信玄』で久々にお会いしてから、いろんな作品で面白い役を書いてくださるようになりました。芝居でも『ドラキュラ'90』という現代もののドラキュラとか、信長とお市の近親相姦的なムードの芝居を明治座でやったりとか。

平幹二朗

そういう役って好きなんです。耽美的な役とか執念に固まっている役とか。演じていて、いろいろと工夫ができますから。それから、僕の志向としてはコミカルではなく怪奇的にしたい。その人間の持っている、感じられる悲しみを探ろうとします。それが見つかると、役作りが面白くなってくるんですよね。映画『ＲＡＭＰＯ』の侯爵役もそうでしたが、怪奇なことをやる向こうに哀しみとかいろんな面が見えてくると、楽しんでやれるんです。

僕は自分では自分の言葉で内面を外に出すことができません。そこに役という仮面があると自分の内面が自由に動き出すんです。仮面があることで安心して、悪い衝動も毒々しい衝動も、悲しみも、そういうものが全てマグマのように噴き出してくるんです。僕の中に持っていたものが、この時とばかりに押し出されてくる感じはありますね。ですから、まがまがしい役をやる時って、工夫するのに苦労した記憶はないんです。そういうものが一瞬湧いて拡大していくと、面白く転がっていくというか。

それから、ＤＶＤを僕はよく観ます。人間の毒々しさを描いた映画を観た時、刺激するものが残るのですが、自分の中で迷った時にその記憶が役に立つ。

蜷川さんと『リア王』をやった時は稽古の時からあまりＯＫが出ませんでした。そんな時に自分の過去に観た映画の記憶から探して『俺は平幹二朗じゃない。ブルーノ・ガンツなんだ』と思うことにしたんです。それで舞台に出たら、上手くスゥーっと行きました。

平幹二朗がやっていると思うと恥ずかしいことでも、他の俳優がやっていると思えば何でもできます。リア王だと思おうとしても『リアの何がリアなんだ』って、漠然として分からなくなるんです。だからといって、平幹二朗として出ると恥ずかしい。だから、いつも誰かになっています。たとえば、『滝の白糸』の時はショーン・ペンでした。そうやって、『自分じゃない別人がやっている』と思うと、『平幹二朗がやる』と思うと恥ずかしくてできないことでも、『ショーン・ペンならもっと派手なことをやるだろうな』とか思えて、思い切って演じられるんです」

肺がんという大病を乗り越え、平は今もなお舞台に立ち続けている。

「若い頃のような声は出なくなってきていますね。肺がんになって声が出なくなりまして、水泳のクロールを覚えて、音楽の基本的な発声を習って、やっと取り戻したんです。それでも呼吸をできる量も少なくなってきましたから、毎朝、深呼吸と腹式呼吸をやるのですが、響きに若い頃のような艶はなくなりました。それに代わるものはないかと思いながら、今は声を出しています。

台本を読んでいて難しいのは、声を出して読むタイミングですね。以前は急いで声を出して読んでいましたが、そうすると、その声に芝居が縛られる気がするんです。だから、声を出したい欲求を抑えながら、字だけを読む時間をゆっくりとるようにしています。

そうすると、心に響く言葉が見つかってきます。それが早く見つかると役をたどりやすくなるんです。あとは、セリフの一節一節の表現をどれだけ多彩にできるかということですね。一節ごとに心が色を探し出して、その組み合わせをなるべく多彩にしていく。その工夫がうまくつけば、変化のある感情表現ができると思います」

（２０１４年4月10日取材）

平　幹二朗

千葉真一

1939年1月22日生まれ。福岡県出身。東映ニューフェイス（第6期）をトップの成績で合格。60年、テレビドラマ『新七色仮面』で主演デビュー。その後も数々の作品で主役を務め、68年のテレビシリーズ『キイハンター』では体操競技で培った身体能力によるアクロバティックなアクションで視聴者の度肝を抜く。70年にはJAC（ジャパンアクションクラブ）を設立。以降、後進俳優の育成に尽力している。海外でも知名度は高く、「Sonny Chiba」として広く知られている。

千葉真一

挫折と映画デビュー

千葉真一は学生時代に体操競技でオリンピックを目指していたが挫折、1959年に東映のニューフェイス試験を受けて合格し、60年に映画デビューしている。

「体が細かったので、異常なほどの肉体訓練をしたのが失敗でした。無知なガキでしたので、器械体操ではやってはいけない筋肉の付け方をしてしまった。それで坐骨に来てしまったんですよね。それで一年間運動できなくなりまして、挫折したんです。悩んで悩んで、日本体育大学を中退しました。

我が家には余裕がなかったものですから、稼がないといけないと思っていました。それで芸能界なら大金が入る、と。そんな単純な発想ですよ。僕が家族の面倒をみなくちゃいけないという」

初主演作は61年の『風来坊探偵　赤い谷の惨劇』。監督は、同じくこれが初監督となる深作欣二だった。

「東映に入って『新七色仮面』とか『アラーの使者』とかっていう子供番組を一年やらされまして、『警視庁物語』にも脇役で出た。東映の新人って、デビューしてある程度経つと、宣伝課の方と全国を舞台挨拶して回るんですよ。それまで貧乏していた俳優を一流のホテルに泊めてくれて、最高のものを食わせてくれて。そんな時に『帰ってこい』と言われましてね。『深作さんが呼んでる』って。

『今度は俺が撮るから』と挨拶したあとで深作さん、『手の長さを計りたい』と言ってくるんです。何でかといったら、俺に合わせてライフルを作りたい、と。要はスティーブ・マックイーンの『拳銃無宿』をやりたかったようなんです。全てを賭けてこれをやろうと私も思ってましたから、気合いが入りましたね。

深作さんは、他の監督とはまるでリズムが違いました。カット数が多いんです。今までと倍くらい違う。『なんでこんなに撮っているのか?』と思って、完成したのを観てみると『で、もう終わり?　三十分映画?』というくらい早く終わる。凄いですよ。

深作さんとは一年で四本やらせてもらって、それから一躍、鶴田浩二さん、(高倉)健さん、丹波哲郎さんの映画を撮るようになった。それで『この監督は凄ぇぞ』とみんなが言うようになって、僕だけが取り残されてしまって。それなら僕は僕で小さな花を咲かせながら必死についていこうと思いました」

『キイハンター』の衝撃

千葉をスターの座に押し上げたのは、68年にスタートしたテレビシリーズ『キイハンター』（TBS）だ。身体能力を活かしたアクロバティックなアクションをスタントなしで展開、視聴者の度肝を抜く。

千葉真一

「日本のアクションを変えてやろうと思ったんです。アメリカ映画になんで追いつけねぇんだろうっていう意識があって。同じ人間だ、あいつらには負けたくねえ、と。でも、こっちには予算がない。それなら体を張るぞ、と徹底的にやりました。

アメリカ映画を片っ端から真似しました。『手錠のままの脱獄』の設定を使って、黒人の脱獄犯と手錠で繋がれて逃亡したりね。あの時は、線路のレールとレールの間に寝転んでその上を電車が通るという撮影もやりました。そのままでは電車に轢かれるので、枕木を削ってもらいましたよ。

電車でいうと、走ってくる車両の屋根にトンネルの上から飛び移るというのもありました。タイミングを間違えて連結部に落ちたらアウトなんですよ。それで、何秒に一回連結が来るかを数えて。で、車掌さんに『五キロ落としてください』とお願いしたら『協力します』と。そのリズムを自分の中で計算して飛んだんです。怪我はしましたが、おかげで命は落としませんでした。そういうことをやったから、報われたんだと思うんです。

デビュー当時のジャッキー・チェンが僕に会いに来てくれたことがあります。その時、彼にはこう言いました。『自分の役なのに、あのシーンは他人が吹き替えてる。あそこも吹き替えてる。それでは自分の作品ではないんじゃないか。自分で全部やってこそ俳優だろう。それができないなら、降りるべきだ』って。そうしたらジャッキーも『その通りだ、サニー。僕も絶対にそうする』と。以来、彼も一回も吹き替えを使っていません」

JACの創設

千葉は70年にＪＡＣ（ジャパンアクションクラブ）を創設、自らと同様にアクションスタントのできる後進俳優の育成にも取り組んでいる。

「たとえば、僕が相手を殴って相手が橋から落ちるシーンがあるとします。この時、『キイハンター』では殴る方はもちろん、落ちる相手役のスタントも僕がやっていたんです。衣装を着て顔が分からないようにしてね。そういうのができるのは、僕しかいませんでしたから。でも、そういうことをやっているうちに疲れてしまって。それなら、動ける俳優を俺が育てようということで作ったのがＪＡＣなんです。

橋から落ちるスタントをやった時、落ちてきた僕をスタッフが消防署のマットで受け止めることになっていたんです。ところが、当時の映画スタッフだとタイミングが悪くて下の岩に激突してしまいまして。それで肩鎖関節が離れて、そのまま入院ですよ。撮影も途中でストップになりました。

その時、考えたんです。人の吹き替えで怪我をしてスタッフに迷惑をかけているようではダメだ、と。ただ、僕一人しかいないうちは解決できない。僕以外にも動ける俳優を作らないといけない。それが、ＪＡＣを作る最初のキッカケでした」

ＪＡＣからは真田広之、志穂美悦子、伊原剛志、堤真一、春田純一といったスター、名優たちが数多く輩出されてきた。彼らは、体を張ったアクションに留まらず、ホームドラマやコメディ、シリアスなドラマなどもこなしている。そこには、千葉の確固たる育成方針があった。

「ＪＡＣではアクションを教えているわけではありません。そもそもアクションというのはアメリカの監督が言う『レディ、カメラ、アクション』の『アクション』なんです。それは『演技しましょう』ということです。ですからＪＡＣの正式名称は『日本演技クラブ』なんですよ。アクションというと飛んだり跳ねたりと錯覚してしまうけど、そうじゃない。演技なんです。

深作欣二監督とは『肉体も俳優の言葉』ということをよく話していました。映画俳優というのは、監督のどんな要求にも笑って応えられる肉体を持っていなければなりません。演技というのは顔でするんじゃなくて、五体でするものなんですよ。たとえば、顔は向こうを向いて、後ろ姿だけで男の哀しみを表わすことってありますよね。それは背中で、足で、手で、つまり五体で表現するってことなんです。そのためには、肉体がきちんとしていないとできません。

動きのない役は動ける役者にしかできない。真田広之がまさにそうですよ。動きのない役を随分やっているけど、みんな上手い。それは、彼が動けるから。動けない人が動きのない役をやると無様にしかなりません。

最近は堤真一がいい。彼も随分と勉強していましたからね。テレビドラマの『セーラー服と機関銃』(06年・TBS)のヤクザ役は本当に上手かった。あれも肉体ですよ。歩き方がヤクザなの。いつもはヒョロヒョロしていたのに、キチンと足を開いて歩いていた。それも、動きから役に入るというパントマイムができていたからです。

JACの卒業公演はミュージカルでした。ミュージカルは歌って踊って、アクションした後でセリフを喋る。これは背筋と腹筋をしっかり鍛えた腹式呼吸を身につけていないとできません。背筋を鍛えないで発声練習をすると胸式呼吸になってしまう。それでは声が届かないし、動きながらセリフが言えない。ですから、ＪＡＣでは走りながら発声練習をさせました。

俳優は監督のどんな要求にも笑って応える肉体を持っていなければならないんです」

ＪＡＣの生んだ最大のスターは、なんといっても真田広之だろう。

「真田は五歳の時から僕が育てました。『浪曲子守唄』（66年）という映画で子役をやって

肉体は俳優の言葉だ。

千葉真一

いたという子でね。小学校に入った時に『もう学業に専念しなさい』と言ったんです。『中学を出て、義務教育をちゃんと勉強して、それでもウチの学校に来たければおいで』と。そうしたら、高校に入ってすぐに来たんです。彼はお父さんを早くに亡くしていたから、親代わりをして堀越に入れて、毎日鍛え出したわけです」

志穂美悦子は、日本初の本格的アクション女優として人気を博した。

「彼女も三年間、徹底して鍛えました。中学三年の時に受けに来て、高校一年から三年までの間、四時間から五時間、毎日稽古をしていました。アクションだけじゃなくて、いろんなカリキュラムをしましたよ。演技の勉強、パントマイムの勉強、それから発声の勉強。特に悦ちゃんはアクセントが酷くてね。それを直すのに苦労しました。先生に付いて勉強するんだけど、夜、僕の所に来てどのくらい上手くなったのかを確認させました。『それは平板。もっと上げて』とか指導しながらね。一ページ読むのに何時間もかかりましたよ」

千葉はＪＡＣの教え子たちの主演作に助演として参加することも多い。『忍者武芸帖百地三太夫』（80年）を始めとする幾多の真田広之主演作、黒崎輝主演映画『伊賀野カバ丸』

（83年）、大葉健二主演テレビシリーズ『宇宙刑事ギャバン』（82年・テレビ朝日）……。30代前半にして後進の育成を行い、40代で自身もトップスターのうちに後進の活躍に華を添える。それは、当時の映画スターでは珍しいことであった。

千葉真一

「映画俳優は映画俳優を絶対に育てません。自分より大きくなったら困るわけですから。だからどんな新人も上から叩かれる。

でも、僕はオリンピックを目指していたので、スポーツ選手を育てる感覚なんです。『俺よりいい記録を出せよ』と。役者でいえば、俺よりいいギャラをとるようになれ、ということです。それが上に立つ人間として当たり前のことなんですよ。

だから、教え子が主演する映画の脇で出るというのは、僕が一番やりたかったことなんです。お前ら、俺を超えてゆけ、と。ですから、ウチの子たちが出る作品は金が安くても出ましたよ。そうやって育てました」

『日本暗殺秘録』から『仁義なき戦い』へ

千葉は69年、中島貞夫監督による映画『日本暗殺秘録』に主演する。幕末から二・二六事件までの暗殺事件をオムニバスで綴った作品で、片岡千恵蔵・鶴田浩二・高倉健・若山富三郎ら当時の東映オールスターが顔を揃える中、主演格に抜擢された。貧しさ故にテロ行為に走っていく青年・小沼を演じている。

「あれは『キイハンター』をやっている最中に撮影していました。『キイハンター』ではカッコいいものばかりやっていましたが、今度はそれが出たらマズイ。純粋な青年がテロリストになっていく様を上手く出さなければなりませんから。それで、役になりきるために中島監督の家に住み込みました。

海の中でお題目を唱えるシーンでは、波任せになっていました。波にさらわれて、その音でカットの声が聞こえないんですよ。それで助監督が海の中に入ってきて伝えてくれたんです。体を鍛えているから、ああいう撮影も平気で耐えられる。監督も喜んでくれましたから、やりがいのある、満足できる一日になりましたね。

『日本暗殺秘録』に出て、やはり映画に戻りたいと思いました。あの映画で賞をいただいた一方で、『キイハンター』に疲れ果ててしまって、『やめさせてほしい』と申し出たんです。このままテレビに出続けていても、同じものしかできませんから。それで丹波（哲郎）さんに相談したら『お前の言っていることは分かる。そうしろ』と。それでプロデューサーを呼んで話してくれたんですよ」

千葉真一

それまで千葉が演じてきた役のほとんどは爽やかな二枚目で、人気の中心も女性や子供たちであった。それが一変するのが、73年の深作欣二監督による映画『仁義なき戦い～広島死闘篇』だ。本作で千葉は、下品で凶暴な愚連隊長・大友勝利を演じ、それ以降は野性的な殺気を芝居にほとばしらせるようになっていく。だが、千葉が最初に当てられていた役は、大友と対立する寡黙で純朴なヤクザ・山中で、大友は北大路欣也が演じることになっていた。撮影間近になり、それが急きょ入れ替わる。

「最初は『大友は俺にはできねえ』って思いました。で、深作欣二は俺に何をさせようとしているのか悩んで。それで一週間したところで壁が破れたんです。これでいこう、と。それは、今まで何十年の千葉真一を捨てる、ということでした。ちょっとでも千葉真一が出てはいけない。今までの千葉真一らしさを全て無くすこと。

これまではカッコいい動きばかりを要求されてきましたが、今度は動きの中に思い切り無様さを出そうとしました。殴るにしても、カッコよくやるんじゃなくて、体勢を崩しながら、とか。相手にピストルを向けられた時は、ボール紙で顔を隠しました。あれは僕のアイディアです。深作監督も拍手して喜んでくれて。ボンボンの役だから声のトーンを高くしたりね。

そういう役を作り上げた時に気づいたんです。悪というのは面白い、と。無様さのカッコよさを発明したんですよ。山中の役は『日本暗殺秘録』で演じた小沼そのものです。脚本家が同じ笠原和夫さんでしたから、僕のために書いたのが山中だったんだと思います。深作監督もそれを知っていた。で、後になってから『何で役が代わったの？』と監督に聞いたんです。そしたら監督は『お前さ、同じ役をいっぺんやってるだろ。それなら、大友の方が面白いんじゃないかと思ったんだよ』と言うんです。本当に、大友の役を演じてよかったと思いますね。

新宿の映画館でお客さんに交じって観たんですが、『千葉真一、どこに出てた？』という人がいたんです。それが嬉しくて。それ以来、いろんな役をやりたくなりました」

70年代、千葉は『激突!殺人拳』（74年）などのカラテ映画に相次いで主演、映画スターとしての地位を確立していく。

「あれは非常に反抗した作品なんですよ。何本かはいいんですが、そればかりやっていると嫌になってくる。カラテ映画というのは見世物的なアクションが多くて、それが嫌でした。アクションは見世物じゃなくて、必然性が絶対になくちゃダメなんです。ああいう段取りでやっていくのは好きじゃないんです」

千葉真一

「無様」は、カッコいい。

柳生十兵衛の殺陣

千葉の時代劇初主演作となる78年の映画『柳生一族の陰謀』も深作が監督している。本作で千葉は片目の剣豪・柳生十兵衛を演じた。その鋭く激しい立ち回りは、停滞していた当時の時代劇に活を入れるものであった。

「時代劇は若い頃から絶対にやろうと思っていました。それで車の中に木剣を入れていつでも振れるようにして。現代劇の撮影の合間には殺陣師の方に『基本を教えてください』とお願いして稽古もしました。

柳生十兵衛の企画は僕が深作さんに出しました。家光が将軍になる上で、いかに十兵衛が犠牲になったかを演じたかった。

その人間の背景を知って、役に入るという掘り下げ方を『仁義なき戦い』で覚えて、ここでもそうしています。十兵衛は左目が見えない。すると、相手と正対した時に視野の左半分は死角になる。だから、僕は必ず左側に遮蔽物を置いて立ち回りをするように心がけました。それから、構える時も斜めにズラして必ず右目を前にする。そうすると視野は広がります。その右目で絶えず相手を捉えるように動く。十兵衛というのは、そういう微妙なことまで意識して戦う剣豪でした。

それから、十兵衛は平和主義者なんです。本当は人を斬りたくない。だから、十兵衛は「命を取らずして勝つ」という剣法を編み出します。あえて右側を開けて構えて、そこを斬りにきた相手の手を打つ。剣を相手が握れなくなったら勝ちですからね。そんなことまで考えて十兵衛を演じました。

そういう性格は、彼の書いた『月之抄』という本を読むとよく分かります。僕は、そういう細かいところまで計算しながら十兵衛を演じます。だから目の使い方や一つ一つの所作は他の十兵衛とは違っていると思います」

千葉真一

『柳生一族の陰謀』や80年にスタートしたテレビシリーズ『影の軍団』（関西テレビ）など、千葉真一の主演する時代劇には必ず、自らが率いるJACの若手勢も出演している。彼らのアクロバティックなアクションは、時代劇の殺陣の新時代を予感させるものであった。

「アクロバティックな動きというのもありますが、ああいう動きができるのがいると主役が引き立つんです。殺陣をやる時に何が大事かって、絡み（斬られ役）なんです。ほとんど殺陣を勉強していない役者が主役でも、絡みが動けたら大丈夫。

JACの奴らは本当に凄い。僕がしゃがんで足を斬った時なんか、足が浮きあがって頭から落ちていきましたから。そういうことをしてくれると、主役が一段と強く見えるわけです。

そこを理解している監督がイイ監督だと思います。普通は主役ばかり撮りそうだけど、そうじゃない。主役越しに斬られる方を撮る。十あれば七が絡みで、主役は三でいいんです。殺陣というのは斬られる方が大事なんです。主役ばかりだと迫力は伝わりません。アメリカではそういうのを理解しているから、やられる人たちのギャラが高い。でも、日本では彼らは底辺です。それが残念でなりません。

JACの稽古は他とは違いますよ。馬から落ちる稽古もしましたからね。馬の合宿、スキーの合宿、水中の合宿。みんなやりました。

真田広之を相手にする時とかは本身（真剣）を使いました。木刀で稽古をすると、たとえばこちらが袈裟がけに斬ると相手は正面から受けますよね。でも、そうじゃないんです。刀もボクシングと一緒なんです。来たら、まずよける。本身を使って稽古すると、怖いからそれがよく分かるんです。その動きがあるかないかで、リアリティは全く違ってきます」

映画『魔界転生』（81年）でも柳生十兵衛に扮し、若山富三郎扮する父・但馬守《たじまのかみ》と燃え盛る炎の中での決闘シーンを演じた。

「若山先生との殺陣は緊張しましたね。あれは本当にセットを燃やしていたんですが、僕の刀が燃えたんです。塗料がね。怖かったし、緊張しました。NGは出せねえぞ、と。もう、熱いのなんの。まばたきもしたらダメでしたし。でも、火のことは考えずに芝居に入りました。

若山先生には、いろいろと教わりました。『真一、いいか。人を斬る時は空手を使ってはいけないけど、峰打ちの時は空手を意識しろ。斬る時はサッと斬るけど、峰打ちは相手を砕く。だから、刀をドンと当ててはダメなんだ。空手を見ろ。当てた後、必ず引くだろ。あれと同じだ。これは空手をやっている奴じゃないとできないんだ』と。

そういう峰打ちのできる役者は僕くらいしかいないんじゃないですかね」

深作欣二と高倉健

千葉真一

テレビシリーズ『影の軍団』では、激しい忍者アクションをする一方で、樹木希林と毎回コミカルなやりとりをする二面性を見せている。

「希林さんは凄かったですね。朝、『千葉ちゃん、今日のシーンはどうする?』って必ず相談に来るんですよ。こちらも『何か面白いアイディアがあったらいつでも言ってください』と言ってましたから。それで『こんなふうにしたいんだけど?』『それは面白い。やりましょう』と。毎回がそんな感じでした。ある時は『今日は何を穿いているの?』『袴です』『そう。じゃあ金玉つかむよ』『やってください』ということもありました。

芝居は、やっぱりアイディアですよ。アイディアを持っている人と芝居している時は、いちばん楽しい。一つ言うと響いてきますから。

監督だと、それはやはり深作欣二でしたね。アイディアを出すと『それはおもしれえな。ならこれはどうだ』とポーンと返してくる。そうやって想像を重ねながら映画の世界が広がっていくんです。だから、『アイディアを持ってこない奴はやりがいがない』と深作さんもよく言っていました。『他に何かねえのか』って現場でよく言ってましたよ。だから僕のことは『こいつはいろんなものを持ってくる』と喜んでくれるんです。いつも『何かあるか』って聞いてくれますから。『俺は何も演技をつけない。まずやってみて、いいものなら全部いただくんだ。で、どうしても駄目な奴に注文を出すんだよ』これが深作欣二という男です。ですから、監督に『こうしなさい』と言われるようじゃ駄目なんです。

映画はギブアンドテイクの世界です。いいスタッフといい監督、そして役者がかみ合った時に最高に面白くなります。深作さんの場合、僕はもうまな板の鯉になっています。この人に任せておけば、必ず上手く料理してくれますから」

千葉はその後、活動の場をアメリカへ移していく。

「アメリカで覚えたことは、ナチュラルということです。それは演技だけでなく、普段の生活から心がけることです。アメリカでは俳優が平気でバスに乗ったり、電車に乗ったりしちゃう。だから、僕も今はそうしています。時間がない時は地下鉄がいちばん早いですからね。電車に乗ることが、最近は凄く面白いんです」

千葉は五十年以上のキャリアを第一線で過ごしてきた。そんな彼に最も影響を与えたのは、若い頃に何度も共演した高倉健だという。

千葉真一

「健さんはあまり口でいろんなことを言う人ではないです。食事をしている時にポツリと言われる言葉が響くんですよ。

いちばん言われたのは『人に迷惑をかけるな』ということです。それから『何かあったら、俺に言ってこい』って。僕は芸能界をやめようと思ったことがありました。その時に健さんに相談したら、『やめてやることがあるのか。なかったら喰えないだろう』って一言だけ。それで一日考えて、翌日にお会いした時に『もう二度と芸能界をやめるという言葉は吐きません。最後までやります』と言ったところ『分かった。それなら俺も面倒をみる。いつでも力を貸すから、今の言葉、忘れるなよ』と。もう泣きましたね。

あの人はいつでも人生に感謝している人なんだと思います。だから絶対に偉ぶらない。どんなペーペーの俳優が来ても、立ちあがって『高倉です』と挨拶をされる。僕も、あの人のおかげで人間を変えられました。僕は健さんの足元にも及びませんが、あの人みたいになりたいと今でも願っています。

ただ、映画に対する情熱だけは誰にも負けません。日本映画がもっと世界に行けるように、これからも戦っていきますよ」

（2013年5月5日取材）

夏八木 勲

１９３９年12月25日生まれ。東京都出身。慶應義塾大学在学中に文学座研究所に入所。その後、劇団俳優座養成所に入所（第15期生）。66年、『骨までしゃぶる』で映画デビュー。主演の『白昼の死角』（79年）ほか、『人間の証明』（77年）、『野性の証明』（78年）、『戦国自衛隊』（79年）など角川映画に多数出演。12年、『希望の国』で毎日映画コンクール男優主演賞および芸術選奨文部科学大臣賞映画部門を受賞。13年5月11日没。享年73。

夏八木　勲

役者への道のり

夏八木勲の役者人生は、大学在学中に文学座の研究所に入所したことから始まる。

「僕自身は俳優になる気はありませんでした。大学時代に親しくしていた——今も大親友なのですが——二つ年上の男がいまして、この奥さんが新劇、しかも文学座のファンだったんですね。それで、当時の僕は確たる進路をまだ見つけていなかった。実は漠然とした考えはあったのですが。でも、傍から見ているとウロウロしているだけという印象があったのでしょう。それで、その奥さんが『そんなにブラブラしているなら、入ってみたら』と、入学願書を取ってくれたんです。

こちらは新劇の舞台を観ることに興味はなかったのですが、あまりに勧められたので、たまたま受けたんです。そうしたら、受かってしまった。受かったのはいいんだけど、パントマイムとか、朗読とか、即興の芝居とか、全く経験がなかったので驚天動地の世界でした。これ、俺には向かないな、と思いました。それまで自己表現をするという機会はなかったので、気恥ずかしかったんです。

大学にまだ足を突っ込んでいたので、養成所に受かった後も顔を出していて。まだ、そっちに心が残っていたんですよ。それで養成所に身が入らなかった。一年という期間でしたが、実際に行っていたのは数か月くらいです。

世界中を駆け回ってみたかった。特にフランスに憧れて、ソルボンヌ大学へ留学したかったんですよ。でも、お金がないからハードルが高いんですよね。学長の推薦を貰う必要もあるし、学費をためるためのアルバイトをしながらフランス語も学ばなければならないし。しかもその一方で演劇にも片足を突っ込んだから、そこから抜けることもできない。それで本業である大学の授業に出られなくなる。どんどん、自分で自分をがんじがらめにしていった時期でした。俳優をするというのは、そんなカオスからスッと抜き出してくれた職業だったのかもしれません」

文学座研究所での一年を終えた１９６３年、今度は俳優座養成所を受験している。

「奇妙な話ですよね。一年が経って、残される人だけ残されてあとは押し出される。僕はまた大学に帰ればいいという話ではあったのですが、選別されるということに違和感があったんです。出席率が悪くて成績も悪かったけど、卒業公演ではいちおう役と『月を見ようか』というセリフも一言与えられて、芝居が好きではなかったのですが歴然たる差というのは分かるんです。上手い奴はちゃんと役を貰っている。その時、選別される側の抵抗感というか、不快感というのが、どこかに残ったんです。このままでは悔しい、と。切り捨てられない何かがあった。

そんな時に俳優座の養成所が募集をしていたんです。俳優座の養成期間は三年間ある。三年あれば、凄い俳優になれるかどうか見極めることができて、ここは自分とは違う世界だということを受け入れられるんじゃないかと思いました。そうしたら、たまたま受かったんです。

でも相変わらずでね。発声練習やバレエのレッスンには全く興味がないから、顔を出すのは時々でした。歳は僕が一番上で、アルバイトもしていたので、稽古が終わってもみんなと付き合うことはありませんでした。だから、あまり馴染めない、可愛げのない感じだったと思いますよ」

養成所から東映へ

この時の同期生には他に原田芳雄、林隆三、地井武男、村井国夫、前田吟、小野武彦、高橋長英、太地喜和子、栗原小巻といった後に映画演劇界を担う若者たちが顔を揃えていて、彼らは「花の十五期生」と呼ばれることになる。

「あれだけの俳優を輩出できたというのは、それだけのメソッドがあったからだという人もいると思います。午前から午後までキッカリ受けて身につけた人たちもいるでしょうから。でも、僕にそれを語る資格はありません。フルに出席した経験がないですから。

やはり俳優座の養成所は三年間あって、それが大きかったと思います。一年じゃ短すぎる。三年間も四十人くらいの若者が芋を洗うみたいにゴロゴロしているわけですから、その中で自然と自分のキャラクターみたいなものを意識せざるをえなくなっていったんじゃないですかね。意識するしないにかかわらず、影響は受けますから。

切磋琢磨という言葉は全くふさわしくなかった。みんなバラバラですよ。お前よりは俺の方ができるというような勝手な奴らばかりだったから。僕は一番年上だったから、余計にそういう意識を持っていました。バラバラの奴らはバラバラのままでいいんだ、と。『あいつはいい声を出して芝居も上手いけど、あいつに似ることはない。俺は俺でいいんだ』ということを三年間かけて気づいていったんです。三年の時間という『篩《ふるい》』の中で残ったのが、そいつの個性なんだと思います。

一番大きいのは俳優座の先輩たちの舞台稽古を近くで見られたことです。プロの俳優さんたちが汗みどろで発声したり、体操したり。それを廊下の片隅から見ているうちに、これは面白い世界なのかもしれないな、と。そういう現場の匂いが役者を続ける方向に僕を連れてきてくれたんじゃないかと思います。誰かの授業に感銘を受けたとか、言葉に感銘

夏八木　勲

を受けたというのではなくてね」

養成所の卒業公演で東映のプロデューサーにスカウトされた夏八木は、東映と年間六本の主演契約を結ぶことになる。

「卒業公演の後で東映京都の映画プロデューサーが来て、『君を主役に一年で映画を六本作りたい。契約してくれないか』と言ってきたんです。自分には、そんな風に言われるような覚えはないわけです。言われるほどのものを持っているとも思えなかった。でも、当時の僕は大学の学費を滞納していたり、いろいろと義理を欠いたことをして立ち往生している時だったので、そのオファーにすがったんです。義理を欠いていた先に出演料で少しずつ払える、と。それで、今まで持ち続けていた夢を諦めました。そのことは今でも悔しくてしょうがないのですが。

ですから、みんな『どうしてもなりたい』と集まっている中で、僕は凄く不謹慎な存在だったと思います」

デビュー作となったのが、66年の映画『骨までしゃぶる』。監督は『瞼の母』『遊侠一匹沓掛時次郎』などで知られる叙情派の名手・加藤泰、ヒロイン役は「お姫様女優」として

OMPERS

人気を博していた桜町弘子だった。

「映画の知識は全くなくて、加藤泰さんのことも後になって『凄い監督なんだ』と知ったくらいでした。舞台の経験もないに等しいわけですから、現場では監督に言われるままになるべく近づけなきゃいけないと思ったのですが、なかなかできなくて、オロオロしていました。走ったりする動きのあるシーンならいいんですが、桜町さんとやりとりするような芝居はなかなか監督の思うようにできないんです。

だから『はい、もう一回』って何度もNGを出されて。スタッフの人たちにも『ああ、夏八木のシーンか。午前中は仕事にならんぞ』とよく呆れられましてね。実際にそうでした。桜町さんにはご迷惑をかけました。夜までずっと付き合ってくださって。昼休みにみんなが飯に行っている間も、やりとりの稽古をしていました。

そういった加藤監督の粘り強い演出のお陰で、『映画の世界は、そうたやすくねえぞ』と鍛えられたような気がします」

五社英雄との日々

映画デビューした夏八木は、続く主演映画『牙狼之介』二部作で、当時はフジテレビに

夏八木 勲

在籍していた五社英雄監督と出会う。野性的な賞金稼ぎを主人公にした、西部劇タッチのアクション時代劇だった。そして本作以降、夏八木は『御用金』（69年）『鬼龍院花子の生涯』（82年）などの五社監督の手がける大作映画のほとんどに起用されるようになる。

「僕は千住の生まれで五社さんは浅草。同じベランメエ喋りで当初から親しみを覚えました。互いの距離感が近いんです。

まだ脚本のできていない段階から、五社さんには『「牙狼之介」というのを一緒にやろう』とお話をいただきました。ただそのためには立ち回りができないとだめですからね。歩き方、刀の持ち方、着物の着方、全て身につけなくちゃしょうがない。そこで五社さんにお願いして、河田町にあったフジテレビの屋上で空いた時間に稽古をつけてもらうことになったんです。五社さんは他の作品を下で撮られていたので、絡み（斬られ役）の人たちに空いた時間に来ていただいて、付き合っていただきました。

五社さんは殺陣で鉄身を使います。刃引きはしてありますが重量は真剣と同じで。それを差してフジテレビの屋上を行ったり来たりしたり、殺陣師の人に教わって素振りをしたり。『腰を出して』とか丁寧に全て指導をしてくれたお陰で、あとになって時代劇をやる時も腰が嫌でも落ちるようになりました」

一方、『牙狼之介』を撮ることになる時代劇のメッカ・東映京都撮影所は、殺しのリアル感を重視する五社とは対極的な、様式美的な形を大切にする殺陣を専らとしてきた。そして、絡みは、東映京都の伝統を身につけた大部屋俳優たちを使わざるをえないため、現場で五社の流儀を知るのは五社自身と殺陣師の湯浅謙太郎、そして夏八木の三人だけだった。

「東映京都撮影所は五社さんと流儀が違うんです。向こうは殺陣に竹光を使います。五社さんの場合は鉄身ですから、刀と刀がぶつかると『パシャーン』といい音がして、火花が散ることもありました。僕も鉄身で稽古したものですから、そのつもりで刀を合わせると竹光だと折れちゃうんです。京都は京都なりの上手い合わせ方があるんですが、あの時は五社さんにも僕にも、それは関係なかった。それでしょっちゅう竹光が折れて、相手の頭の上に飛んだこともありました。

五社さんは『刀は本当に当てろ。当てないと嘘になるからな』と指示してくる。でも東映京都には、お腹すれすれで斬ったように見せる流儀がありました。当てるにしても、腹帯を巻いているところに当ててケガしないようにするんです。でも、そういう流儀を全く無視してやったものですから、絡みの人には怪我をさせてしまって。そこはとても反省しています」

夏八木勲

『牙狼之介』で夏八木は筋骨隆々の肉体を見せつつ、裸馬にも乗ってみせている。

「特に体を鍛えたというのはないです。ただ、高校時代から空手をやっていたり、柔道をやっていたり、バスケットボールをやっていたりしたので、上手いか下手かは別にして、運動なら負けないという自負はありました。ですから、それなりの筋肉も付いていたんだと思います。

馬術の訓練は全くしていません。裸馬に乗った時は、何回も落とされながら現場で学びました。実戦で身につけるしか、方法がなかったからね。乗馬クラブに行ってパカパカ始めたんじゃ、何か月経っても仕事にならない。こちらも運動には自信があったので、『こんなものはできるだろう』とたかをくっていたら、痛い目に遭いました」

続いて夏八木は『十一人の侍』（67年）にも主演した。今度の監督は京都生え抜きで、時代劇の名手でもある工藤栄一だった。

「『牙狼之介』で鍛えられてはいましたが、今度は武士の剣法ですから。『牙』は素浪人なので、どんな形でやっても良かったのですが。『十一人』ではちゃんと形のある剣法の様を仕込まれました。今度は京都の殺陣師さんから習いました。羽織袴でやる剣法と着たきりスズメでやる剣法は違いますからね。前は一本差しで、今度は二本差しという違いもありました し。なるほどな、と思いました」

夏八木はその後、東映京都を離れフリーの道を選ぶことになる。

「その当時、京都というのはローカルな場所でした。東京に比べて映画館の数も少ないし、封切りも一か月くらい違うんです。しかも、東京にいた養成所の仲間たちが小さい劇団を独自に作って活発に動いたりしていて。そういうのは耳に入ってくるんだけど京都にいたら見ることすらできない。そんなことへのフラストレーションがありました。

それで加藤泰監督から『懲役十八年』(67年)という映画に出ないかと提示された時に『もう、東京に帰ります』と言ってしまったんですよ。新人といっても、僕は二十七歳。とうが立って、可愛げもないのに……そんな男を東映は売り出してくれた。しかも、次の作品は加藤監督から直接お話をいただいたのに……。当時のことを思うと……本当に無礼だったなという悔恨の情が今でもどんどん出てきます」

京都を離れた夏八木は、浪漫劇場という劇団に所属する。

「その頃、文学座が三つに分裂しまして、その一つが浪漫劇場でした。松浦竹夫さんという、文学座でずっとやってきた素晴らしい演出家が立ちあげた、三島由紀夫さんの戯曲を中心にした劇団です。そのことを耳にしたので、松浦先生の所へ行って『入れてください』とお願いしたんです。でも、僕はもともとそういう組織に順応できないみたいで。二年ももたないで飛び出して、それからはずっと一人ですね」

69年の五社監督による大作映画『御用金』では、仲代達矢・中村錦之助・丹波哲郎・司葉子・浅丘ルリ子ら豪華キャストと並ぶ大役に抜擢された。ここでは雪上で巧みな馬術を見せている。

「五社さんは映画を作る時、必ず『なっちゃん、これやってみない?』という話をくださるもので、やらせてもらってきました。

『御用金』は雪の中での撮影が大変でした。特に馬がね。見た目は素晴らしく立派な、体中が毛に覆われていて、それが海辺を走ると風に吹かれて毛がなびいて美しいんですよ。馬足も高くてね。

でも、それは山から大木を引いておりる馬なんです。人を乗せる馬ではない。ですから、思うように走ってくれなかったんですが、五社さんは『なっちゃん、遅いよ』って怒鳴る

夏八木　勲

んです。そう言われても、走ってくれないものはどうしようもない。後で馬方のスタッフさんには『この馬に乗ったって、走らんよ』ってさんざん言われました。

あの映画では仲代さんと決闘をしましたが、凄い力なんですよ。本番に入ってからの力の入り方が凄い。それに圧倒されないようにするのが精いっぱいでした。

仲代さんには、いろいろと勉強させていただきました。傍で芝居を見ていて、驚くことがほとんどでしたね。特に、本番になった時の集中力です。これが、プロの、しかも一流の俳優さんなんだと思いました。そういう素晴らしい俳優さんを間近で見ていると、その感化のされ方というのは、かなりのものがあります。でも、ああ素晴らしいと思っても、それが自分の中に取り入れられて昇華して、自分なりの何がしかになるまでには何年もかかります。ろ過する時間が必要なんです」

角川映画と千葉真一

1970代後半から80年代前半にかけて、夏八木は『人間の証明』『野性の証明』『復活の日』など、角川春樹の製作した超大作映画に次々と重要な役どころで出演している。

「サクさん（深作欣二監督）の『柳生一族の陰謀』という映画で僕は別木庄左衛門という

役をやったのですが、そこに角川さんも友情出演していたんです。大手門で僕に射殺命令を下す敵方の大将でね。ですから、大手門で対峙していたんです。それを見て、僕を使おうと思った、とおっしゃっていました。それ以来、角川映画にはたくさん出させてもらいました。

プレッシャーとかは感じなくて、楽しさばかりでしたね。時間も潤沢な予算もあったから、『ああ。こんなことまでできるんだ』という、日本映画で初めてのことばかりでしたから」

夏八木　勲

一流とは「本番の集中力」だ。

数ある角川映画の中でも印象的なのは『戦国自衛隊』(79年)と『白昼の死角』(79年)だ。片や戦国、片や戦後復興期……と時代を変えながらも、いずれも千葉真一と「男と男」の熱い友情のドラマを展開した。両者の燃えたぎる魂は、芝居を超えたものとして観客に迫ってくるものがあった。同時に驚かされるのは、世界的アクションスターである千葉に全く引けをとることのない、夏八木の隆々とした筋肉の美しさである。

「肉体というのは俳優の基本中の基本ですからね。特別に美しく見せようとは意識していませんが、健康的な肉体でいようという意識だけはありました。

千葉ちゃんとは生まれた年が一緒なんですよ。最初に共演したのは『あゝ同期の桜』(67年)っていう映画で。当時は僕もまだ新人で京都に来たばかりで、マイペースのまま挨拶の仕方も知らない状態でした。そこを千葉ちゃんがいろいろと面倒を見てくれまして。『何も知らない奴だから、あまりいじめないでくれよ』とか周囲に言ってくれたんです。それで見知らぬ京都でかなり過ごしやすくなったので、本当に感謝しています。

千葉ちゃんのそういう性格はもちろんだけど、あそこまで自分の肉体を意のままに操れるように鍛えたことに僕はビックリしてね。それで、千葉ちゃんから『JACでアクションの練習をしているから、なっちゃんも暇があったら来てみない?』って誘われたので、時間がある時は練習場に行って、JACの練習に紛れて一緒に鍛えたりしていました」

夏八木 勲

夏八木勲といえば、若き日の今にも噛みつきそうな狂犬の如くギラついた眼光が印象深い。中でも映画『八つ墓村』（77年）のラストで燃え盛る村を笑いながら見降ろす落武者の亡霊と、テレビドラマ『壬生の恋歌』（83年・NHK）で敵対する伊東甲子太郎《かしたろう》を油小路で斬った土方歳三は強烈で、いずれも、その瞳からは背筋が寒くなる殺気がほとばしっていた。

「台本にはなかなか触れないようにしています。一日に何回も台本を読む方が効率的なんだろうけど、そうしません。まずその前に、役柄の周辺を調べます。いきなりズバッと本の核心に行かないで、テーマに関連する本を図書館で探したりしながら時代の風景を具体的につかむ。そうやって周りから埋めていくと、その状況で僕の役の置かれたポジションが浮かびあがってくるんです。そういうことを考えながら、この役はどうアプローチしようか考えていきます。ですから、案外と時間がかかります。

『八つ墓村』の時は落武者になった背景を知るために、尼子家がいかにして毛利に滅ぼされたかを入念に調べました。毛利に滅ぼされて落武者になる。そういう背景を踏まえた上で、自分の演じた役の境遇を考えていきます。彼は辛い思いをしながら流れ流れて、八つ墓村で匿われて、そして村人に騙されて無残な死を遂げる。だからこそ、何百年にわたって村人を呪い続けるわけです。

土方の時も同じです。土方の置かれた状況や彼の生き方を調べると、甲子太郎を生かしたら、自分の作り上げた新選組が崩壊してしまうと分かった。だから、全ての面で相手が優秀であっても必死になって誅するしかない。

そういうことを踏まえておくと、表情は自然と出てくるんです。表情を意識して演じることはありません。鏡を見て表情の研究をする方もいるようですが僕は見ない。見るって行為自体に自意識がしっかりとあるから、それではその役を『生』で演じている感じがしないんです。ですから、どういう顔をしているのかは自分では分からないんですよ」

角川映画に出ていた時期は、芸名を「夏木勲」に変えていた。

「これは、あるお坊さんに言われたんです。その時期は変えた方がいい、と。変えたら具体的にどうなるかはおっしゃらなかったのですが、かなりのお坊さんでしたから、その方に言われると『ひょっとしたら、何かあるのかな』と思いまして。そういうことには知識は全くなかったのですが、どこか気持ち悪い気がしたので、その期間が過ぎるまでは変えることにしたんです。

兄弟や友達からは総すかんを食って、しかもその理由も説明しようもないですから、なおさら嫌がられました。ですから、ひたすら時間が過ぎるのを待ちました」

鎧の着こなし、仕事選び

夏八木 勲

『戦国自衛隊』での長尾景虎やNHK大河ドラマ『葵～徳川三代』（00年）での島左近など、夏八木が戦国武将を演じる時、その鎧姿は他の役者から抜きんでて凛々しい。

「特にこだわりは持っていませんが、姿勢というのはあると思います。一本、ガンと通ってないとお話にならんですから。鎧を着た時は姿勢に気を付けています。武士が座っている時と商人が座っている時で、座り姿は違うでしょう。ましてや、鎧甲なんて着たら、そうでしょう。鎧甲なりの立ち方、座り方は当然あるはずだと思うんです。

それが一番楽な姿勢なんじゃないですかね。重さを普通以上に感じないといいますか。姿勢が崩れると、鎧が重く感じてきて立ち姿も良くなくなると思うんです。恐らく、益荒《ますら》男《お》としての姿勢が僕の意識の中にあるのかもしれません」

若い頃はギラギラとした野性味が魅力的だった夏八木だが、晩年は映画『劔岳《つるぎだけ》～点の記』（09年）での修験者役や映画『希望の国』（12年）の酪農家役で、枯淡の域に達したともいえる老境の芝居を見せている。また、深田恭子主演のテレビドラマ『富豪刑事』（05

年・テレビ朝日）では大富豪役をコミカルに演じるなど、一つのイメージに留まることなく、幅広い役柄に挑戦する。

『俺にもこういうホンが来たか』って自分でも興味を持っています。僕らは客観視されて初めて存在する職業ですから、その客観と自分の中での主観がズレることっていつもあるわけです。そのズレが面白くてね。

僕の今のこの様、顔つきも体つきも含めて、そういうものから連想してどういう役をやってくれないかという話が来るのかというのは、楽しみでもあります。『今のお前じゃあダメだ』ということになれば、半年や一年、スケジュールが空くこともあるでしょう。若い時にはそういうこともありましたからね。自分にどういう役が来るのかということを、俳優としての自分のバロメーターにしているところがあります。ですから、芝居の幅を狭めるっていう意識も作業もしたことはないです。

主観の部分としては、この胸の中に、また別の秘かな楽しみがあります。それは形に表れることはないのかもしれません。それはそれでいいと思うんです。

新人はいつの時代も同じですよ。僕が新人の時、周りは『変な奴が来た』『どこの馬の骨だ』というのがありましたが、それと一緒です。だから、僕にはそういう意識は全くないです。むしろ、若い人たちとの仕事も面白い。今はどこの現場に行っても、僕が一番上の年齢になってきました。そうなると同年代はたいてい前にやったことがあるから、どういう芝居をしてくるか分かる。若い人とはやったことがないから、どういう風に来るのかという興味が強いんです。作品に入れれば、チームだから。そのチームの出したいカラーに、可能な限り応えたいというのはあるよね。

僕という人間は野生動物と一緒だと思う。家族を引き連れて、食っていかなければならない。自信もなにもありませんよ。でも『ほかに道がないから』と、無理矢理に自分を納得させてここまでやってきました」

（2013年2月21日取材）

夏八木　勲

ほかに、道はなかった。

中村敦夫

1940年2月18日生まれ。東京都出身。東京外語大学中退後、俳優座養成所を経て劇団俳優座に入る。65年にはEWC奨学生としてハワイ大学に留学。帰国後、新劇改革の若手リーダーとして幹部と衝突、劇団を退団しテレビ界へ進出すると、72年主演の『木枯らし紋次郎』が空前の大ブームに。83年には小説『チェンマイの首』がベストセラーに、84年には情報番組『地球発22時』のキャスターとなるなど多分野で活躍する。98年には参議院東京選挙区から立候補して当選、「さきがけ」代表などを務めた。10年、旭日中綬章を受章。

中村敦夫

俳優座からの脱退

1959年、中村敦夫は大学を中退して俳優座養成所に入所する。

「キチっとしたカリキュラムでしたが、それが身につく人とつかない人がいます。私は、つかない方でした。でも、絶えず真面目に出席率100%で一生懸命にやった人が伸びるかというと、必ずしもそうじゃないのが面白いところですよね。私なんかは不真面目で、先生にも全く相手にされませんでした。

ライバル同士の切磋琢磨というのも、それほどではないんだよね。スポーツマンは競い合えば試合で結果が出るけど、俳優の場合はそうではないので。将来なんて、分からないんです。そういう期間に自由自在に遊びまくった方が良かった気がします。遊びまくっていた奴ほど、後から俳優として伸びていった。

その間に社会を見聞きするとか、人間に会うことによって、表現の豊かさが広がるんじゃないでしょうか。太地喜和子なんて、後で名女優になりましたが、養成所の後輩だった時は、お酒飲んで遊んでばかりいて、みんな彼女が女優になれるわけがないと思っていましたから」

当時、俳優座は劇場の赤字を補填するため、映画放送部を作って映画やテレビドラマに劇団員を派遣していた。中村にもその白羽の矢が立つ。65年には大映京都撮影所製作、市川雷蔵主演『新・鞍馬天狗』に出演した。

「俳優として大きなチャンスでしたから、一生懸命やるつもりで行きました。当時の撮影所はスターシステムというのがあって、まず雷蔵さんの部屋へ連れていかれて挨拶をさせられました。雷蔵さんはあまり気難しい人ではなくて、気さくな人でしたが。

ある日、エキストラの俳優が比叡山のロケーションで『こんな映画を落ち目の大映がやったら、またコケるね。作る方も作る方だけど、やる方もやる方だよ』と愚痴ったんですよ。そうしたら、雷蔵さんが真後ろで聞いていて、そのまま車に乗って帰ってしまった。もう現場は大騒ぎですよ。撮影も中止になってね。そのエキストラは、クビを覚悟で雷蔵さんのお宅の玄関先で土下座したらしいです。そうしたら雷蔵さん、『俺だって、そう思う。だから謝ることはない』と言ったそうです」

1960年代後半から70年代にかけて、演劇界は激動した。次々とアングラ劇団が設立されて若者たちに人気を博していく一方、文学座・青俳といった老舗の新劇劇団では分裂騒動が勃発。71年には俳優座から市原悦子・原田芳雄ら若手劇団員十名が脱退した。そして、その中心人物となったのが中村敦夫だった。

中村敦夫

「僕は新人の頃から俳優というより演劇をトータルで考える人間でしたから、演出とか作品を支える哲学に興味があったんです。新人俳優というより、演劇青年という感覚でいました。俳優だけというより、もっと大きな全体的なことに関心があった。自分でも最終的には何になるのかよく分かりませんでしたが、とにかく新しいものを作りたかった。

それでアメリカに留学したりして、戯曲を翻訳したり海外の演劇事情を紹介しているうちに二十代で唯一人の俳優座の幹事になりました。それだけ期待されていたのかな、と思ったんですが、単に英語ができるからというだけでね。実際、十年くらい役がつかなかった。

僕が若手の代表になって、日本の近代演劇をリードしてきた演出家の千田是也と論争をするようになりました。上の人たちの言っていることが古すぎてダメだと思えたんです。批判ばかりするものだから、上層部には嫌われました。

揉めたのは、企画の問題です。俳優座はブレヒトの社会主義演劇を重視していて、それを舞台で実践していくという考えでした。なにせ、日本を代表するブレヒトの代弁者が千田是也でしたから。ブレヒト自体は面白い。でも、それを千田さんがやると面白くなくなってしまうんです。そういう対立と、僕自身が社会主義者ではなかったことによる政治的対立もありました。

当時は芸術の世界が転換している真っ最中でした。演劇では寺山修司、唐十郎、佐藤信が出てきた。そうした中で、それまで反体制の牙城であった新劇は古びた旧体制側に回ってしまった。しかもこっちは客が来なくて向こうは満員で、反応も違う。それでも新しいレパートリーを僕らが出そうとしても多数決で否決されてしまう。芝居をやるのに多数決なんて。そういう形式的な体質に嫌気がさして、分裂することになったんです」

『木枯し紋次郎』

中村の代表作といえばなんといっても、72年のテレビ時代劇『木枯し紋次郎』（フジテレビ）だろう。「あっしには関わりのねえことで」というセリフに代表される、感情を表に出さない厭世的な渡世人・紋次郎のキャラクターは高度成長に陰りの見えてきた70年代初頭の内省的な世相に見事にマッチして、夜十時半スタートという当時では「深夜番組」の扱いにもかかわらず、大ヒットを遂げている。メイン監督は、当時既に「巨匠」としての名声を得ていた市川崑だった。

が、新劇を中心に活動し、時代劇はわずかな脇役の経験しかなかった中村は当初、役柄を掴みきれないでいた。

中村敦夫

「市川崑監督は現代感覚で時代劇をやろうとしていました。それで史実にない大きな笠と長い道中合羽をデザインして。それを着る俳優は背が高くなくてはダメだということになったようです。当時の時代劇俳優は背が低くて顔が大きいというのが常識でしたから、それまでは僕は時代劇はダメだと言われ続けてきました。ところが今度は企画自体が違う。それに、予算からある程度の金額をピンハネしないといけないのでスターは出せない。監督の映画製作資金を貯めるためです。

それで『三十過ぎの新人はいないか』と俳優座に連絡が来たんです。その時、僕は大河ドラマ『春の坂道』で石田三成をやって人気が出始めていた。そんなこともあって、市川さんとお会いしたら、その場で決まりました。

ただ、今までの時代劇にあまりいないキャラクターですから、初めはどういう役柄か分かりにくかった。市川崑監督も、そういう説明はしてくれませんから。市川さんは自分のイメージした外形的な絵から入る人で、僕には『そこで上を向いて立っていろ』『走って、突然止まって、振り向け』とかしか言わない。僕は『なぜ上を向くのか』分からないままやっていました。ですから、『紋次郎はこういう奴なのかな』と探りながら掴んでいくしかなかった。

基本的に映画やテレビドラマの芝居はリアリズム。現実の再現に近いほど迫力があります。細かいところをカメラは捉えるから、あまり誇張するとおかしく映る。それに演劇だと地声で全部届かせなきゃいけないから、呟く時でも大声になりますが、映画だとマイクロフォンが呟き声でも拾ってくれる。ですから、演劇的な手法を映画に持ち込んだら様式的すぎて、リアリティがなくなってしまう。

周りがボソボソ喋っているのを見て、僕も最初は戸惑いましたが、ラッシュフィルムを見ているうちに『演じる』という気持ちがあまりない方が自然に映るということが段々と分かりました。『紋次郎』が上手くいったのは、まさに『何もしなかった』からです」

『紋次郎』は大映京都撮影所で撮られる、初めてのテレビシリーズだった。だが撮影中の71年、折から経営不振で先行きが危ぶまれていた大映が倒産する。大映京都撮影所のスタッフたちは市川崑監督の呼びかけの下、新たに映像京都というプロダクションを設立し、これを製作母体として『紋次郎』の撮影を続行した。

「テレビを蔑視していた映画人たちが、映画がダメになってテレビをやらざるをえなくなって、その第一作が『紋次郎』でした。これをやらないと将来の仕事はないし、食えないから、みんな必死でした。美術にしても、照明にしても、映画黄金時代のトップの面々が揃っているので、中途半端な仕事はしないわけですよ。もう映画もテレビも関係ない。

そこに、今までの業界と縁のない僕みたいな人間が来たわけですからね。車も持っていないし、付き人もいない。ゴム草履を履いて、電車で来る。みんなカルチャーショックだったと思いますよ」

『紋次郎』は殺陣も新しかった。荒野を駆けずり回りながら、体勢を崩したり倒れたりしながら刀を振り回す様はとても時代劇ヒーローらしからぬものがあったが、その必死な姿がかえって生々しい迫力を生んだ。

「従来の殺陣だと踊りの動きを基本に綺麗にやっていくんだけど、僕はジーパンにゴム草履で撮影所に来るような奴でしたから、そういうのができないんです。教えられてすぐに身につくわけでもない。そこで殺陣師の美山晋八さんが僕を見て『これはアカン』と思って『ドキュメンタリーでいこう』と。足だけは速かったから、僕が本気で逃げるのを敵は大勢で追っかけてきて、あとは勝手にやってくれという。しかも河原とか岩場とか、条件の悪いところでわざとやらせるんです。そういう発想も含め、天才的な殺陣師でした。

主役は転ぶし、追いかけてくる絡み（斬られ役）はゼエゼエ言いながらフラついているから、綺麗事じゃない殺し合いのリアルさが出たんだと思います。実際の殺し合いってそういうものですよね。何がどうなるか、分からない。それに、北関東の寒村で間引きされかかったような紋次郎が、剣道なんてできるわけないですから。時代劇の素養がないから、新しさが出たということです。

『紋次郎』で僕が監督をした時は田圃で立ち回りをしたのですが、朝から晩まで走らされるもので絡みの人たちが『体がもたん』とみんな降りてしまって。それで龍谷大学のラグビー部員たちを呼んで、傘と合羽を着せて走らせました。ところが彼らはチャンバラを知らないから本気で殴りかかってくるんで、危ない目に遭いましたよ。

僕が監督をやれたのは、現場でいつも市川監督の隣にいたからです。それを見ているだけで、学校に毎日行っているようなものですから。あの人の撮り方が全カット見える。だから、非常に早道でした。

それに、僕自身がシナリオを書くから、この本だとカメラをどこに置いてどう撮るかという興味で現場を見ていました。だから、ワンカット、ワンカットが頭に残っていった。僕は演劇から出てきたのでテクニカルなことは分からなくて、興味があった。それで、カメラマンは宮川一夫さんとか超一流のスタッフばかりがいるわけですから、『あの人は今一体何をやっているんだろう』と聞くんですよ。そうしたら、ちゃんと教えてくれる。そうやってスタッフワークも学びました」

三船敏郎と三國連太郎

中村敦夫

『紋次郎』以降、異色時代劇に相次いで主演・出演した。『剣と風と子守唄』（75年・日本テレビ）では子供と旅する三船敏郎を追う渡世人役に扮した。

「あれは、三船さんと僕、それに子役の斎藤こず恵の三人がそれぞれに人気があって『三人合わせて視聴率100％超え』ということで生まれた企画でして。そもそもの考えが間違っているんですよ。やはり、中身が先に行かないと。

三船さんとは半年ぐらい、毎日を一緒に過ごさせてもらいました。びっくりするくらいイイ人なんですよ。豪快なスターと思われがちですが、実は生真面目な人で。朝、三船プロの玄関前で掃除をするんです。それでエキストラが来ると『ご苦労様です』と挨拶をする。そういう人なんですよ。

ロケーションに行ったら、炭を入れたブリキ缶に当たって何時間も二人でいました。三船さんのことを怖い人だと思って、誰も近づかないんですよ。口下手であまり喋らないから、みんな怒っているんだと思うんでしょうね。でも、僕はよく知っているから、二人で何時間でも黙っている。時々、私がポツッと変な冗談を言うと大笑いするんです」

76年のテレビドラマ『スパイ・ゾルゲ』（日本テレビ）では、三國連太郎と二人芝居をしている。三國は実在のドイツ人スパイを、中村はそれを追いつめる検事を演じ、両者は取調室で緊迫の演技合戦を繰り広げる。

「あの人は、もう徹底的に化け切る。『ゾルゲ』の時は、『三國さんは撮影の数週間前からドイツ料理しか食べていない』という話が飛び込んできました。現場でも髪を染めて青いコンタクトレンズを入れて、『グーテンモルゲン』と言いながら入ってくる。そんな『本物の俳優』を相手にどう太刀打ちするかを、こちらは考えなきゃならない。何も考えなかったら向こうにやられっ放しで『あいつは芝居のできん奴だ』と言われますから。

そこで僕は『全く何もしない』という対応をしました。相手は徹底して準備をして作り込んでくる。それなら、こっちは身振り手ぶりもしない。声も荒らげない。黙って相手の目を見ているだけ。後は三國さんのやりたいようにやらせる。すると、三國さんも気づいて、芝居を段々と調整してお互い丁度いいところに落ち着くんです。こういうのは、どっちが勝っても負けてもいけないわけですからね。まぁ、一流のテニス大会の準決勝に立っているような緊張感はありましたけど。

芝居ってセリフを覚えてきて、それをキッチリ言うだけではありきたりのものになってしまう。極端な話、『ここで沈黙』とかはシナリオにはほとんど書かれていません。でも、相手役との駆け引きの中には微妙な間があるんですよ。本番とリハーサルで違ったりもする。それを咄嗟に埋めていく。演技の勝負所はそこにあります。優れた俳優は自分で間を作って相手に投げかけたり、相手が作った間をすぐに受け止めたりすることができる。
ですから、キャッチボールというよりサッカーに近い。単に同じ所に投げるんじゃなくて、直線でボールが来ることも、フワッと来ることもある。それにどう足を合わせるか。ノーバウンドで蹴り込む場合もあるし、ドリブルに持ち込む場合もある。大事なのは、その判断なんです」

中村敦夫

演技の間は、サッカーに似ている。

キャスターと政治

84年、情報番組『地球発22時』(毎日放送)でニュースキャスターに転身している。ニュース原稿を読むだけの「アナウンサー」ではない、自分で取材をして自分の意見を述べる「キャスター」の草分け的な存在となった。

「僕はマニュアル的に同じことを続けるのが嫌なんです。驚きのあるものを提供できるのが、僕らサービス業だと思う。『安全だからやる』というのは、せっかく時間を割いてくれるお客さんに失礼な話ですよ。

当時は俳優として一応は全国区になって主演番組も次々とやって、そうすると自分自身が古臭くなっていくのが分かるんですよ。パターンばかり要求されますから。それで『死ぬまでずっとこれを続けるのか』と思うとゾッとしちゃうんです。ぜいたくな話だけど、人生としては面白くない。それで、脱出したくなったんです。当時は歌とドラマから情報番組へテレビの華が移る時代だったので、今度はその先端を走らせてもらいました。

人間というのは誰もが皆、演技者だと僕は思います。社会を形成するためには、誰にでも役割がある。それを果たすために、演技をしているんです。親父は親父らしくする。い

中村敦夫

人間はみな、俳優だ。

つまでも若者みたいだったら困るわけでしょう。子供も、小さい時から親父らしかったら、親父の立場がなくなる。大人になれば、なおさらですよ。社会から台本を与えられているんです。それを『職業的身振り』と呼んでいますが、その職業にふさわしい言葉遣いとか、身振りとか、雰囲気を考えて演じないと、どんな仕事でも上手くいかない気がします。だから、人間というのはみんな俳優なんです。

キャスターをする時も服の選び方とか『キャスターを演じる』部分はありました。政治家となると、ほとんど演技ですよ。街頭演説なんて、演技そのものです。自分に酔う。自分だけが正しいと思いこむ。そして、人に振り向いてもらうために、ここは声を大きくする、ここは笑わせる、ここは相手を攻撃する……と言い方を変えて細工しなければ、訴求力は生まれません」

83年に小説『チェンマイの首』で文筆活動を開始、88年『土壇場でハリーライム』(テレビ朝日)以降はミステリー、コメディ、時代劇と幅広くテレビドラマの脚本も執筆している。

「シナリオを書くのは苦にならないんです。すいすいと書けてしまう。ピアノを弾く人も、難しい歌を歌う人も、上手い人に限ってそんなに努力しないでできてしまう。練習は人一倍やるけど、それが苦にならない。それが、私にとってはシナリオなのでしょう。

演劇や映画の世界で自在に人間を操ることができるのは、シナリオライターだけです。監督だって、脚本を基に人間を動かしているだけですから。どんな名優でも脚本が酷かったら惨敗です。同じ人かと思うくらい、見る影がなくなってしまう。ですから、俳優にも脚本に関する能力は必要なんです。脚本に足りないと思うところは自分で補う。でも、やりすぎてはダメです。自分が目立つために脚本にイチャモンをつける俳優はダメですよ。自分が目立ちたくてそういう主張をする俳優はダメです。

僕は演出も脚本もやってきたから、自分の演じる役の全体での役割をまず考えます。そこを勘違いして自分のことしか考えない演技をすると、その芝居自体が壊れてしまいますから。

　シナリオは、歌でいうメロディみたいなものです。それに沿って演じていけば形になる。それでも、空白の部分は必ずある。そこを埋められるかどうかが、その俳優が優れているかどうかの境目ではないでしょうか」

（2013年5月28日取材）

中村敦夫

林　与一

1942年2月14日生まれ。大阪府出身。曾祖父が初代中村鴈治郎、祖父が二代目林又一郎という関西歌舞伎の名門に育つ。58年、15歳で大阪歌舞伎座の初舞台を踏む。その後、長谷川一夫のもとに弟子入り。64年には大河ドラマ『赤穂浪士』で準主役・堀田隼人役に抜擢、一躍人気スターとなる。70年代にはテレビ時代劇『必殺仕掛人』で浪人・西村左内を演じ当たり役となった。舞台では美空ひばり、初代・水谷八重子ら大スターの相手役として存在感を見せ続け、94年には菊田一夫演劇賞を受賞している。

林　与一

長谷川一夫の下で

関西歌舞伎の名門に生まれた林与一は、１９５８年に十五歳で初舞台に立つ。

「歌舞伎の家柄で育ったものですから、『一か月ちゃんと舞台に出てみたらどうだ』と言われて、遊びのつもりで出ました。当時、大学出の初任給が一万三千八百円という時代に出演料で三万円をいただきまして、こんなおいしい仕事はないと思って役者になったんですよ。つい、お金に目がくらんだ。ところが、なった途端に遊ぶ時間がないんです。お芝居のない時は毎日、朝から晩までお稽古ごとですから。踊りに鳴り物。お芝居の途中でも和楽を習ったり。歌舞伎というのは六歳か七歳で始めるのですが、私の場合は十五歳ですからね。遅れを取り返せということで稽古詰めだったんです。ですから、青春時代は全くありませんでした」

初舞台から数年後、単身で東京に移り、改めて役者としての修行を始めた。弟子入りしたのは長谷川一夫。「流し目」に代表される美しい顔立ちと流麗な所作で一世を風靡し、戦前から映画界に君臨し続けた「元祖・二枚目スター」だ。当時、長谷川は拠点を京都から東京に移し、映画から舞台へ主戦場を変えつつあった。

「歌舞伎で女形をするのが嫌だったんですよ。か細くて優男だったもので、女形をやるよう言われまして。踊りの稽古では女形もやりますが、芝居ではやりたくなかった。そんなところに、ウチの初代の中村鴈治郎のお弟子だった長谷川一夫が『お前が東京に来たら、俺が世話をする』と。それで、東京では長谷川一夫の家に居候していました。いい家柄に生まれ育ててもらいましたが、下積みからやった方がいいということで。自分が人を使う身になった時に人の使い方が分かるから、使われなきゃダメだ、と。それで滅私奉公ですよ。『人が七時間寝るなら三時間にして、残りの四時間を勉強しろ』と、とにかく言われまして。ですから二十三歳くらいまでは外でご飯を食べることもまずなかったです。長谷川を朝起こして、舞台に付いていって、それから帰ってきてご飯を食べ、寝るまでお付き合いする。その間に芸の話を伺いました。

私の芝居の九割が長谷川の影響です。お化粧の美しさ、形の美しさ、それから衣装の選び方。そういうものは多分に勉強させてもらいました。

たとえば衣装の選び方。長谷川は背が高くないので、格子柄の着物を着たら縦の格子の色を少し濃くしていました。そうすることで、縦に長く見える。それと、普通より身幅が狭いんですよ。それをキチッと着ることでスラッと見えるんです。ところが、キッチリ着ているもので、少し動くとお尻が破れる。ですから、僕は常に衣装の色に合わせた安全ピンを持っておいて、それで留めていました。

立ち姿の『かたち』も長谷川流です。『舞台では、役者がつらく思えるような格好が人さまには綺麗に見えるよ』と。浮世絵って綺麗ですけど、つらい姿勢をしています。ああいう格好を舞台でしなきゃいけないという。ある女優さんも言っていました。『振り返る姿勢でも、つらい姿勢をした方が綺麗に見えると長谷川先生から教わった』と。

大事なのは、座った格好、立った格好、どうしたらお客さまにいい格好に見えるかということです。芸というのはお客さまが楽しむためにあるんだから、自分が楽しんでイイ気

林 与一

つらい姿勢こそ、美しく見える。

持ちになっちゃいけない。それじゃあお客さまに通じない。お客さまの見たいものをやるんですよ。自分のやりたいものは必ずしもお客さまには新鮮なものではないんです。ですから、長谷川は自分から企画を出すようなことはしませんでした。お客さまの見たいものは劇場主なりプロデューサーなりが考えている。それに応じるようにやるのが役者だと常々言っていましたから。僕も最初はそれができなくて、自分のやりたいものをやったことがあります。やっぱり不評でした」

大河ドラマ『赤穂浪士』への出演

林の名を一躍世間に知らしめたのは長谷川一夫が主人公の大石内蔵助を演じた64年のNHK大河ドラマ第二作『赤穂浪士』だった。今に至る大河人気の礎となった本作には、当時の映画演劇界のトップスターたちが集結しているが、そこに当時はまだ新人だった林が準主役となる浪人・堀田隼人の役に大抜擢されている。

「長谷川の衣装合わせでNHKに行った時、プロデューサーやディレクターたちの目に留まったようです。長谷川が『うちで滅私奉公で勉強しています。なにかあったら出してやってください』ということで、衣装を着て鬘《かつら》を付けて写真を撮ったんです。そしたら、

林　与一

そのあくる日です。『お前、出るようになったぞ』と。

　私としては長谷川の用もしないといけないので、出たくないと言ったのですが。出たら付き人ができなくなりますから。『ＮＨＫが出ろと言ってるから出ろ』と長谷川に言われて出ました。

　およそ五十話のうち、長谷川との共演は二、三話でした。長谷川は美貌が衰えるから、と昼から撮って夕方に帰る。ですから、僕たちは夜から撮りました。昼は長谷川の付き人として支度をして、ＮＨＫから送り出したら今度は夜に自分の撮影ですよ。それを朝までやっていました。

　あれは舟木一夫さんの俳優デビュー作で『時代劇は分からない』というので、長谷川に言われて彼のそばにもついていました。長谷川が帰って、僕のシーンを撮ると、コンサートを終えた舟木さんが夜中の十二時過ぎにＮＨＫに入る。それから明け方まで撮影です。長谷川からは『よほど間違っているところ以外は口を出すな。本人のキャラクターがあるから』と言われていたので、僕が教えることはほとんどありませんでした。

　僕としては大役という意識はありませんでした。本音としては出たくなかった。嫌だ嫌だと思ってやっていました。その嫌な顔がかえって良かったんですよね。嫌々言うことを聞きながら演じているわけですから、画面にもそう映る。それが役の感じに合ったんです。もう堂々と嫌がっていましたから。

歌舞伎をやめて東京に出た時に、長谷川みたいな主役になって脚光を浴びようとは思わなくなっていたんです。この人がいないと作品が成り立たないというような脇役になりたかった。

今でも、主役が花なら、その横にいる葉っぱでいたい。ただ、枯れて汚い葉っぱだと花が綺麗に見えないから、青々とした大きな葉っぱでい続けたいとは思っています」

『赤穂浪士』で一躍人気スターとなった林与一は、『座頭市物語』などで知られる大映の三隅研次監督による時代劇『鼠小僧次郎吉』（65年）で映画デビューする。当時の大映時代劇は市川雷蔵と勝新太郎が二枚看板で、少し前までは長谷川一夫が大映のトップスターとして君臨していた。

「『鼠小僧』の時は忙しくて、衣装合わせができませんでした。それで、長谷川が撮影所に行って、このシーンはこの衣装……と、全て組んでくれていたんです。スタッフも監督も、全部。

でも、当時は遅刻の常習犯でね。午前は起きられないの。普通は九時開始なのに、僕だけ十時開始にしてもらっていてもダメで。それでブスっとして撮影所に行くと三隅研次監督が気を使ってくれて、セリフのある撮影は十一時半からにしてくれました。

林　与一

市川雷蔵さんも勝新太郎さんも前から知っている仲間で、会う度に『大映に来て威張ってるのはお前ぐらいだ。普通はそんな気遣いはしてくれないぞ』と言われましたね。お二人には可愛がられました。

『新鞍馬天狗』は雷蔵さんが『林与一に鞍馬天狗をやらせろ』と大映に企画を出して通った企画でした。ところが、僕の所属していた東宝が林を貸さないという話になったんです。それで、自分の出した企画だから仕方ないということで雷蔵さんがおやりになった」

美空ひばりとの共演

60年代後半から70年代にかけて、映画『新蛇姫様　お島千太郎』（65年）や幾多の舞台で美空ひばりの相手役を務めている。「昭和の歌姫」として数々の名曲を残してきた美空ひばりだが、当時は女優としての人気も高く、時代劇を中心に多くの映画・舞台に主演していた。

「最初にお話があった時は、お断りしたんです。『役者と歌い手さんは違う道。ですから、歌い手さんの相手役はしたくない』と。それを長谷川一夫が聞いて、『コマ劇場でひばりの二番手だぞ。俺の下にいて、いつ二番手になれると思ってるんだ』と言われまして。それで『僕は二番手になりたくない。ちゃんとした脇役になりたい』と答えたところ、『バカヤロウ！　トップを目指さない役者がどこにいる！　競馬でも、二着になった馬は次は一着しかない。これをやらないでどうする！』と怒鳴られましてね、それで『やります』と言ったんですよ。

ひばりさんには、しょっちゅう怒られました。『長谷川（一夫）先生についていて、なんでこんなことができないの？』って。『こんな役の時、長谷川先生ならこうするだろうよ』とか言われるんですが、僕は長谷川のマネをするだけなのが嫌だったから、そうじゃない芝居をしたかったんです。それでひばりさんは『与一、こんな格好できない？』『このところはこうするんだよ』と教えてくださるのですが、そういう時の男の格好が上手いんですよ。

最初はバカにしていました。歌い手がなんで俺に教えるんだ、と。でも、やっていることを見ていたらたしかに間違いはないですし、何よりあの人の立ち回りにお客さまが手を叩く。それで気づいたんです。お芝居というのは、最初は人のコピーから入って、そこから自分自身へと抜けだすものなんだと。それで（萬屋）錦之介さんの映画を観たりして、ひばりさんの求める芝居を勉強しました。

そういうのを積み重ねながら、ひばりさんに『やっとできるようになったね』と認められるまで三、四年かかりました。

昔は歌い手さんのお芝居を馬鹿にしていましたが、実は歌い手さんの方が上手いんですよね。特に演歌を歌う人は。演歌って感情表現ですから、舞台にもハートがある。最近も北島三郎さんの公演に出させてもらいましたが、顔を見合わせる場面で目が潤んでいる。役者でもトップだなと思いました。俳優さんって、舞台をやると毎日同じようにやろうとするからハートがないんですが、北島さんは毎日が生きていました」

『必殺仕掛人』

72年にスタートしたテレビ時代劇『必殺仕掛人』(朝日放送)は林の代表作の一つである。その後「必殺」シリーズとして人気を博する原点となる本作で林は、表向きマイホームパパでありながら裏では殺し屋をしている浪人・西村左内を演じた。クールな二枚目ぶりを見せた林に対し、相棒の鍼医者・藤枝梅安に扮した緒形拳はギラついた殺気をほとばしらせながらアウトロー役を演じた。そうした両者の対極的な演技が、作品に緊張感をもたらしていた。

「大映で三隅研次監督とお仕事した縁での出演でした。ワルをやったことのない人を主役にしようとなった時に、三隅さんが推薦くださった。あれは殺陣師が楠本栄一さんといって、大映の人だからよく知っているんですよ。お宅に遊びに行ったりして、家族ぐるみの付き合いでね。

それで、第一話で室田日出男さんの演じる奉行を斬るんですが、どうやって斬るかを深作欣二監督、栄ちゃん、僕で相談しました。物語の中盤で浪人が奉行に斬られますよね。その浪人の仇を討つわけだから、浪人が斬られたのと同じ斬り方で奉行を斬ることにしました。あの殺しは血が噴き出して、凄かった。深作さんならではですよ、あれは。大映が倒産した時だったから、楠本さん自身もここでなんとかしようという気持ちがあって、みんなで意見を出し合いました。

あの当時はちょうど世間的に不況だったから、殺したい奴っているんですよ。僕も、警察がなかったら殺したい奴が十人くらいいましたから、やっていて凄く快感でした。

緒形さんとは仕事は初めてでしたが、彼が新国劇にいた頃から付き合いがあって、普段も一緒に飯を食ったりしていたんです。ただ、芝居になったら格闘技と同じでして。『この野郎!』と思いながら、やっていました。

たとえば、とあるシーンで二人が会話している。そこは長回しのワンカットで撮るんですが、緒形さんが段々とカメラの正面に入って、僕に後ろを向かせようとするんです。僕もそうはさせじと、胸ぐらをつかんで無理に引っ張って横を向かせたり。すると向こうは怒った顔をする。そういう闘いが楽しかった。

林　与一

彼は黙っていても生活感が見える。僕は見えないから、しょっちゅう喋っている。そうしたら緒形さんは『生活感が見えない方が格好よくていいじゃない』と言うんです。僕も『いや、映像は生活感が見える方が得だよ』なんて言い返したり。

昔は彼が好きじゃなかった。でもある時、芝居を観たら凄く汗かいて一生懸命やっている。それで好きになっちゃった。

長谷川一夫も言っていました。『芸の上手い下手には観客それぞれに好き嫌いがあるけど、汗をかいている姿はみんな好きなんだ。だから、物事の姿勢はいつもちゃんとしておけ』って」

「汗をかいてる姿」は、愛される。

新派と大女優たち

林与一は時代劇を中心にテレビドラマや映画に出演する一方、舞台では劇団新派の芝居に数多く出演してきた。新派とは泉鏡花や川口松太郎原作の明治・大正時代を舞台にした文芸作品を専らとする劇団で、そのトップに君臨してきた初代水谷八重子をはじめとする主演女優たちの相手役を林は務めている。

「長谷川の舞台に水谷さんがお出になって、その後で変わった相手とやりたくなったんでしょうね。『与一ちゃん、新派に出ない？』と言われまして。ちょうど僕も新派の芝居を勉強してみたいと思っていたところだったので、『出してください』と。

八重子さんの相手役の時は、芝居の稽古は昼で終わります。夜は毎晩、マージャンでした。一時を回ったところでお開きとなるのですが、八重子さんは参加メンバー全員にご飯を作ってくださった。何年か経った後は、お昼ご飯のお弁当も作って持ってきてくれました。『これ、与一ちゃんの分』って。そういう女らしい女優さんでした。

何より感激したのは、京都の南座で『婦系図』で夫婦役をさせていただいた時のことです。トイレが男と女が共用だったのですが、本番前に衣装をつけてトイレに行ったら入口で八重子さんと一緒になったんです。それで、先輩ですから僕が譲ったところ、『扮装したら、あなたは私の御亭主だから。先に行って』と。おしっこしてられないですよ、『水谷八重子を待たせている』と思ったら。で、出てきたら、手ぬぐいを持って待っているんです。もう、女房なんですよ。役に対する、芝居に対する姿勢は凄かったですね」

舞台での林は、主演女優の相手役を演じることが多い。これはヒロインを引き立てる一方で自らも二枚目として立たなければならない役回りだが、林はこのバランスがいつも絶妙だ。

「山田五十鈴さん、森光子さん、山本富士子さん、佐久間良子さん……、あらゆる方の相手役をさせていただきました。『与一ちゃんとやると、楽だね』と言われることが、僕の勲章です。

長谷川一夫のそばにいた時、『舞台ではこうやったら相手がよく見える』『こうやったら相手がやりやすい』ということはよく教わっていました。

舞台ではとにかく主役より半歩前に出る。そうすると、主役はいつも正面を向いてお客さんに顔を見せられる。こっちが半歩下がると、主役が後ろを向くからダメなんです。抱き合う時も、いつも後ろを向いています。

長谷川の偉いのは、相手役に注文をつけないことでした。相手がやりやすいように合わせる。ですから、僕も相手に『こうしてほしい』とは絶対に言いません。『こういう言い方を僕がすると、喋りにくいんだろうな』ということを稽古中に相手の顔を見ながら探っています。

『セリフを渡す』という言い方をするんですが、要はキャッチボールです。十メートルのボールしか受けられない人に五十メートルのボールを投げるのではなく、相手の受けられる長さに合わせる。子役さんとか経験の浅い人には手渡しをすることもあります」

初舞台から今まで六十年近くに亘り、林はほとんど役者としての仕事が途切れることはない。また、その仕事ぶりはテレビドラマ、映画、新派舞台、大衆演劇と多岐に及んでいる。こうした息の長く幅広い活動もまた、師である長谷川一夫からの影響が大きかった。

「四十歳くらいまでは生意気で、『こんなものはやりたくない』とよく断っていました。そんな時、長谷川が聞いてきたんです。『お前ね、ここに百万円が落ちていたら拾うか?』と。当然『拾います』と答えたら『今断った仕事も、それと同じなんだ』と言うんですよ。『林与一を使いたい、と言ってきたということは、このお金をあなたにあげたいと言っているんだから、なぜそれをもらわずに突き返すんだ』って。それでも若い頃は、なかなかできませんでしたが……。

長くやっていく上で必要なのは、下地と引き出しです。長谷川にはよく、『世間に出たらもう勉強できないから、今から勉強しておけ。休みがあっても、家でぼうっとするな。次に何が来ても怖くないように勉強しておけ』と言われました。どんな仕事が来ても『はい、できます』と答えられる下準備ができるのは、仕事がない時だけなんです。

今は不況で多くの役者さんが遊んでいる。そういう時には文句を言ってないで、今のうちに引き出しにいろんなものを詰めておくべきですよ。それをできた人が再起しています」

（2013年6月14日取材）

林　与一

仕事のない時こそ、芸に差がつく。

近藤正臣

1942年2月15日生まれ。京都府出身。66年、映画『人類学入門』でデビュー。69年のドラマ『柔道一直線』で注目を集める。NHK大河ドラマへの出演は多く、73年『国盗り物語』の明智光秀役、78年『黄金の日日』の石田三成役、10年『龍馬伝』の山内容堂役などで強い印象を残す。映画は75年『動脈列島』、78年『赤穂城断絶』、94年『忠臣蔵外伝・四谷怪談』、03年『許されざる者』、09年『TAJOMARU』など。15年4月公開の北野武監督最新作『龍三と七人の子分たち』にも出演。

長い下積み

近藤正臣

近藤正臣が役者として世に出るまでには、長い道のりがあった。

「役者なんてものは、目指してなるものではないですよ。社会に不適合かもしれないと思う奴らがなんとか可能性のありそうな部門から消去法で選んでなるもんですよ。だから、僕も志は無かった。

実家が京都で小料理屋をやっていたもので、その店を継ぐために大阪の有名な店へ丁稚奉公に出たんですよ。これが辛抱の世界でね。先輩が強烈な権限を持っていた。それで事ごとに腹が立って三か月で辞めました。周りが刃物ばかりで、ブチ切れたらどうなるんだろうと考えるようになっていて。それなら辞めた方がいいと思った。

それでどうしようかという時に消去法で考えた。絵は才能がない。文章も書けない。歌も歌えない。お芝居は文化祭で劇をやって男を上げた甘い記憶があるもんで、それくらいしか選択肢が残ってなかったんです。志ではなくて、残り物が役者だった。

で、プロになるまでが長くて。当時はモダンジャズの喫茶店があって、そこに若いのがウロウロしていたんですよ。そういう所に集まっている連中と劇団を作りました。金もなにもないけど座長になってね。でも、五十年前は小屋も借りられなくて。東京へ行って新劇の劇団の研究生になればよかったのかもしれないけど、それほど素直じゃなかった。
それで同志社とか立命館の劇団に出入りするようになるんですよ。要は、ああいうところに東映や松竹の撮影所のエキストラの募集がかかっていたから。それで身分を詐称して、潜り込んでいました。とにかく金がなかったから。そこから何か開けるなんてことは考えていなかった」

その後、松竹大船撮影所の大部屋俳優になる。

「松竹が京都から撤退して、みんな大船に移ることになったんですよ。そうしたら、ある助監督が『お前も来いひんか』と。自慢じゃないけど、エキストラでも目立っていたんだ。その助監督も使えるかもしれないと思ったんじゃないかな。そんな縁で大船に行きました。こちらとしては、東京ではどんな芝居をしてるのかを見てやろうという想いが強かった。それで大船の大部屋に入ったんだけど、遠くて嫌になってね。こちらは東京の四谷あたりに下宿を借りていて。電話のない時代だから、週に二回、撮影所に出演予定を見に行くんだけど、役が『コックA』だったりするわけ。
そんな時に、芝居好きな奴らの集まる場所をかぎつけてそこに行くようになって。退屈でしょうがないから、そいつらの舞台に立って大船には顔を出さなくなったんだ。それでえらく怒られて。それで松竹を辞めた」

初めて大役についたのは、66年の今村昌平監督による映画『人類学入門』だった。その後は、東映京都撮影所で時代劇やヤクザ映画の脇役として出演するようになっていく。

「初めて事務所というところに入ってウダウダしていたら、『人類学入門』のオーディションがあって受かったんだ。でも、別に輝かしい新人出演とかいう扱いはなかった。役としては面白かったね。今村監督としてはなんだかマザコンのフニャフニャした男が欲しかったみたいで『お前がそうだ』って。まあ、見た目がそうなんだから仕方ない。適材適所だったわけです。

『人類学入門』は大阪で撮っていて、もう東京に帰るのが嫌になったんだ。腹が減るばかりだから。それで付け焼き刃で東映の作品に出るようになりました。別にこれで食っていけるとは思っていないし、結婚して子供も生まれたから、生活は困窮していました」

近藤正臣

『柔道一直線』と「木下恵介シリーズ」

近藤の名を一躍世間に広めたのが、69年のテレビシリーズ『柔道一直線』（ＴＢＳ）だ。梶原一騎原作の同名劇画を元に作られた本作で近藤は、桜木健一扮する主人公に対するキザなライバル役で出演した。近藤が足でピアノを弾く場面は、「懐かしのテレビ」的な番組で今でもよく取り上げられている。

「そこまでの間は、自分では役者と思っていても、人は役者とは思っていないから『自称・役者』だった。

桜木健一君が『柔道一直線』の中学生編をやって人気が出て、今度は高校生編をやることになった。それで、事務所がそこにブチ込もうとしたんです。俺はもう二十七歳で、十歳もサバ読めないよと言いつつも出ました。だからといって、若ぶった芝居はしませんでしたよ。

懐かしの番組で、足でピアノを弾くシーンばかり取り上げられるから、今でも田舎に行くとお年寄りに『まだ足でピアノを弾けるか？』と聞かれるんですが、俺は実際には弾いてないし、あんなのはシリーズのほんのワンシーンなんですよね。

これでメジャーデビューとなって仕事も軌道に乗り出したのですが、自分としては三年ぐらいしたら消えるくらいの感覚でいました」

続いて「木下恵介シリーズ」と冠された、巨匠・木下恵介監督が手掛けたＴＢＳのドラマシリーズ『冬の雲』『春の嵐』（いずれも71年）に立て続けに出たことで、俳優としての評価を確かなものにしていく。

「あの二本に出たことで、落ち着いて役者をやっていられるようになりました。『柔道一直線』の時はアイドルですから。二十七になってアイドルはカッコ悪いじゃないですか。

木下監督には本当に可愛がっていただきました。それまで役者として川のこっち側にいたんですが、向こう側に渡れないと食っていけない。でも、そこを渡る橋はない。そこに木下さんがひょいと手を伸ばして、向こう側に投げてくださったと思っています。

『冬の雲』はニヤッとした悪い男として出てきて、二、三話で消えるんです。でも木下さんはコイツを真人間にするプロセスを書きたくなったようで、再登場してから一気に出番が増えていきました。ですから、木下さんが僕を引き上げてくれたんです」

近藤正臣

大河ドラマへの出演

近藤は2010年のNHK大河ドラマ『龍馬伝』で土佐藩主・山内容堂を白髪姿で毒々しく演じ、多くの視聴者に衝撃を与えた。他にも若き日に出演した『国盗り物語』（七三年）の明智光秀役など、大河ドラマに数多く出演、その度に熱演をみせている。

「プロデューサーや監督との話し合いで、こちらは勝手にいろんなことを提案します。『通る通らないはそちらの裁量ですが、私にはこのくらいのアイディアがあります。そちらはどのくらいお持ちですか』とぶつけていきながら決まっていきますね。

容堂に関しては、それを少し激しめにやったということです。はなから年齢不明の男でいこうと思っていました。とにかく酒をくらってばかりいる男だけど、それだけでは面白くないから、それなら何をして遊べるかを考えました。ここは杯でただ飲むんじゃなくて、長崎の切子のグラスを使ってオンザロックだな、とか。殿様って何をしてもいいんだっていうのを出したくて。

明智光秀はサラリーマンにしようと思いました。こいつは悪い奴なのか、なぜ信長を殺したのか——そこに至る行動をいろいろ考えているうちにね。出世するんだけど、社長がワンマンで酷い奴だから、だんだんと我慢できなくなってくる。でも、そこを辛抱する。忠義じゃなくて、そうやって自分を守り、家族を守るしかない。そういう男として突っ走ろうと思ったんです」

近藤が歴史上の人物を演じると、従来のイメージが大きく変わることが多い。嫌味なエリートのイメージが強かった石田三成を熱血漢に（『黄金の日日』・78年）、冷徹な土方歳三はロマンティストに（『白虎隊』・86年）、知的な学者の北畠親房は権謀家に（『太平記』・91年）。豪放磊落なイメージから憎々しい権力者へとイメージを一変させた『龍馬伝』における山内容堂は、最たるものだ。

近藤正臣

「世間に流布されているイメージは伝承しない、もうちょっと言えば裏切りたい。失敗者として扱われてきた石田三成をヒロイックに演じてみたりね。

たとえば容堂だと、最初から俺は白髪でいくんですが、本当は三十代なんですよ。そのへんは、もう大嘘をついている。真面目に見ようという人からは疑問が出るに決まっているけど、そこは無視。『時代の妖怪』であればいい。若者たちが必死に生きて死んでいくなかで、妖怪は何をしているか分からんという。そういう抽象的なのをまず持ってきて、それから個々の芝居を工夫します。親房も妖怪でしたね。公家なんだからと顔を真っ白に塗って、口に紅をさして。そのまま戦場で鎧着て戦いました」

近藤が演じた歴史上の人物を見ていると、その人間が本当にその時代に息づいていた思えてくるような説得力がある。

「殿様も公家も会うたことないから、実際にどんなんだったかなんて、わからへん。だから勝手に考えるわけです。こいつは、どんな生活をしていたのか、と。

ＮＨＫの大河には所作指導の先生が来ますが、あえて無視することもあります。たとえば『畳の縁を踏むな』とか言われてもね。それはお作法の世界や。生でそこに生きていて怒っている男なら、畳の縁を踏むこともあり得ますから」

二枚目を演じる

近藤正臣といえば、１９７０～80年代は「二枚目」俳優の代名詞でもあった。といって、昨今の「イケメン」のようにビジュアルだけで勝負することはなく、口調から細かい動作まで丁寧に作り込みながら「二枚目」を演じていたように思える。

特にキスシーンは、その真骨頂かもしれない。日本の俳優は不器用なのか照れ性なのか、キスシーンになるとどこか硬さが見られる。が、近藤のそれには、欧米映画さながらのロマンティックな雰囲気が漂っていた。

「フランス映画の雰囲気で演技することを自覚しています。ジャン・ギャバンにリノ・ヴァンチュラにアラン・ドロン。ジャン・ギャバンのパンの喰い方なんかは、憧れました。ラブシーンにしても、洋画のテキストからいろいろといただいたりしています。テレビドラマでラブシーンをする時でも、そういう映画を参考にしながら、『この俳優ならキスするより先に髪を触るんだろうな』とか。そういう細かなことを考えていくんです。日本

近藤正臣

「時代の妖怪」で、あればいい。

人はそういうことは、あまりやらないんですよ」

75年のテレビ時代劇『斬り抜ける』（朝日放送）は、女子供を連れて逃亡する男の葛藤を描いた異色作品だった。

「あれは『必殺』シリーズを作ってきた山内久司プロデューサーが作った作品で、枠に隙間ができたんですよ。それで『近ちゃん、やろうな』って。そう言われても僕は名古屋で舞台をやることになっていたんですよ。それで『撮影に行けへん』と断ったら、『夜なら大丈夫やろ。ほとんど夜の話にしよう』と。それで、女と子供を連れて逃げる話になりました。

逃げるなら、旅をするということなので『衣装はジーンズにしてな』と頼みました。いつでもそのまま野宿できるということでね。ところがそれが重とうて。小道具で砥石を用意してもらいました。斬り合うなら、刀を砥ぐ必要があるということでね。そこはリアルにやろうと思ったんです。一本の刀で十人も二十人も斬ったらあかんということにして。刀の替えはないかとか、夜になったら刀を砥ぐとか、そういう場面を話の中に入れてもらいました。

ただ、女連れという設定が面倒臭くなってしまって。メロドラマになってしまうとおかしいから、もっと荒んだ話にしようとしたんです。それで、和泉雅子さんのヒロインが殺されてしまいました。

とにかくスケジュール的に放映に間に合うかギリギリでね。名古屋から京都までタクシーで行って、夜明けまで撮って、一時間くらい休んでから新幹線で名古屋の劇場に行く。それで『なんとか切り抜けなあかん』と。タイトルそのまんまの現場でした」

近藤正臣

90年代に入り、近藤のイメージは大きく変わる。それまでの「二枚目」を封印し、悪役を時に毒々しく、時に嫌味ったらしく演じ、近年では飄々とした老け役も厭わなくなってきている。その大胆な変身ぶりには、多くの視聴者が衝撃を受けた。

「歳のせいですよ。歳をとって容色が衰え、肉体のパワーが減ってくると、内側のパワーで勝負するしかないじゃないですか。俊敏だった動きが段々とだらしなくなってきますから、そうすると動かないで何が出せるかということも考えなくちゃならない。

実は、主役より脇役のほうが面白くなってきている。脇役だと、幅広くなんでもできちゃうけど、主役は決まり事があるんだよ。脇なら、変なことやって失敗しても作品そのものは傷つかない。でも、主役は失敗すると駄目だもんね。

それから、善人よりも悪人のほうが複雑で面白い。善人なんてのは、一皮むけば、ただの人だよ。悪人って、何枚むいても『お前、誰だ』という疑問がたえず出てくる。役者をやるからには、つるんと撫でてそれでおしまいという奴より、ちょいとでも触り甲斐のあるものを演じたいんですよ」

手本となった名優たち

01年のNHK時代劇『山田風太郎からくり事件帖』では川路利良・大警視を演じた。本作では西南戦争前夜の東京を舞台に、小林桂樹扮する最後の江戸町奉行と最初の警視総監・川路との虚々実々の頭脳戦が描かれている。昔気質で武骨な小林とキザで嫌味な近藤という対極的な芝居のぶつかり合いが楽しかった。

「小林さんは大好きな役者さんなんです。芝居が柔らかいんですよね。俺なんかはどっちかというと、芝居で変化球を投げたがる。でも、小林さんはキャッチボールのような球をお投げになるんです。だから、つい受け損なってしまう。ビュンと来るかと思ったらフワっと来るから、こっちは『おっとっとっ』って。それだけに、あの作品は面白かったと同時にしんどかった。

『柔道一直線』でご一緒して、その後もテレビドラマで何度もやらせてもらった名古屋章さんには『近藤君ね、君は面白いけれども、カーブだけ投げていたら打たれるぞ』って言われたことがあります。それで時々は直球も意識してみるんですが、それでも打たれる。結局は、『どうせ打たれるなら、カーブを極めよう』と思うようになりました。

小林さんのように、キャッチボールしているみたいな自然な芝居ができた方がいいのかもしれません。でも、俺は安心できる立場に一度も立ったことがないから、ギラギラしていたんですな。だから、小林さんみたいなボールはでけへん。

若い頃から十年近くエキストラばかりしてきたものですから、少し売れたところで『役者は喰えない』というのが掟みたいになっていて。ちょっとやそっと騒がれたところで、

カーブだけ投げていたら、打たれるぞ。

近藤正臣

『これで喰えるもんじゃねえ』という意識はずっとあります。その時には自分なりのベストを選んでいるつもりでも、それが届いてへんかったら『まだ、あかん。未熟や』と思うだけでしょう。未熟が続いたら、だんだん自信がなくなるやないですか。それで変に工夫して、絶対にフォアボールにしかならんようなカーブしか投げられなくなったら、かえって駄目でしょう」

近藤は七十歳を超え、役者として大ベテランの域に達しているといえる。現場でも、最年長ということが多くなってきた。

「『うわあ、かっこええ』と思ってお手本にさせていただいてきた諸先輩が今もずっといらっしゃるもんだと、つい思い込んじゃうんです。てめえも歳をとっているくせにね。でも、そういう先輩も段々と少なくなってきてしまって。何だかつまらなくなってきた気がします。

一緒にさせていただいてきたベルさん（山田五十鈴）、勝（新太郎）さん、小林桂樹さん。皆さん、修練を積まれてきたプロです。ちゃんと土台を持っている人たち。ベルさんは三味線を持つ手つきからして違いますよ。俺にはそれがない。そういう意味ではずっとアマチュアです。一度も『プロになった』という感覚はありません。

ですから、本物のプロの方のお話を聞くのが好きなんです。噺家さんの昔話とか、今の噺家さんから師匠の話を聞いたりとか。桂枝雀さんからもよくお話を聞きました。ただ、つまらないことを聞いてしまったことがありましてね。

枝雀さんは噺をあげる――『あげる』というのは高座で客に向かって喋ることなのですが――それまでにどれくらい、くらはるんですか、と。『くる』というのは稽古ですね。つまり、初出しのネタをどのくらい稽古したら客前に出せるのか聞きたかったんです。

芝居の稽古だと一か月くらいやったら、嫌でも決まった日に幕が開いてしまう。でも、噺家さんは『俺が出してもいい』と自分で思うまで出さなくていいわけです。期限はないわけですから。それで、単純に聞きたかったんですよね。どのくらい稽古して出さはるのか。

近藤正臣

そうしたら枝雀さん、『へえ、近藤さんともあろう方が何を聞かはりまんねん』と。穏やかな言葉なのですが、ドキンと来ましたね。『あんた長いこと役者をやっていて、そんなアホなこと聞きますか。それ、素人さんでっせ』ということなんだと思うんです。僕がこういう仕事をしていなくて、ただのファンだったら『納得いくまでやって、賞味期限はおまへん』とか答えてくれはると思うんです。

考えてみたら、舞台でもそうなんですよね。『幕が開くまでの期限がなかったとして、どれだけ稽古したら安心して舞台に立てるか』と聞かれても分からんですもん。『これだけできたからやろう』と思ったとしても、また『人がどう思うか』と考えてしまう。結局は『これはやらなしゃあない』と思って立つわけです。どんだけ『くった』ところで納得はしない。アホな質問しましたわ」

芝居のアイディアを考え、工夫を重ねて役に臨む。そこには、台本のアイディアだけでは済まない、役柄へのこだわりが込められている。

「監督ともプロデューサーとも話し合いますが、脚本家とは話ができないんです。現場にいませんから。それで、途中で変えたりするような無作法な時代がありました。もちろん傲慢なんですが、自分が納得したかったんですよ。本当は納得なんかしなくても、役者は与えられた素材の中で生きればいいんです。でも、この素材では生きられない、ここでこんなイージーな言葉を返すか、この男がそんな不用意なことをするか、そういうことを思ってしまうんです。この役はこういう人間でしょう。こんなヤワですか。そういうことを考えているうちに脚本と齟齬《そご》が生じてくるんです。こっちは現場で生で演じていますが、向こうは書斎で考えているわけですから。

台本のセリフは人が書いたものであって、俺の言葉じゃない。それで、ごっついええ人に書かれていても、こっちはちょっと意地悪したいこともあるんです。それで言葉を変えへんのやったら、ニュアンスを変えよう、と。

台本を徹底的に読んで、その裏や行間を拡げていきながら、アイディアを見つけていくんです。こいつは古風な男だから腕時計やなしに懐中時計を使わせよう、とか。そんなことだけでも、演じている人間が生きてきよるんですよ。これは急にスタッフに言っても無理やな、と思ったら、自分で小道具を用意して持っていくこともあります。

時代というのは、そういう所で出ると思います。テロップで『大正十年』とだけ出しても、観ている側はなんのこっちゃと分からないでしょう。そんな中に出ている人間が、そういう時代の風俗を『生きたもの』としてちょっと見せれば、観る側も納得してくれるんですよ」

（2013年3月29日取材）

近藤正臣

松方弘樹

1942年7月23日生まれ。東京都出身。父は俳優・近衛十四郎、母は女優・水川八重子。弟は俳優・目黒祐樹。60年、父の所属する東映に入社。『十七才の逆襲暴力をぶっ潰せ』でデビュー。以来、『赤穂浪士』(61年)など時代劇を中心に活躍。69年に大映に移籍し『眠狂四郎円月殺法』(69年)などに出演。71年の東映復帰後は『仁義なき戦い』シリーズ、『柳生一族の陰謀』(78年)などヒットを連発。91年『江戸城大乱』で日本アカデミー賞主演男優賞受賞。テレビドラマでも『名奉行遠山の金さん』など数々の当たり役を持つ。

松方弘樹

映画デビュー

松方弘樹は1960年、東映映画『十七才の逆襲　暴力をぶっ潰せ』でデビューしている。当時の東映には父・近衛十四郎も在籍していた。

「高校二年、十六歳の時に僕は東京に上京していました。昭和三十四年だったと思います。歌手になりたくてね。作曲家の上原げんとさんの歌謡スタジオで内弟子をしていたんです。だから、役者になる気はまったくなかった。

それで高校二年生の時にウチの父親と東映の契約更改の時に『学生服を着てお前も来い』と言われてね。それで行ったら大川博社長が『君、映画に出ないか』っていうことになって。要は社長に会わすために僕を呼んだわけです。父親と母親には『歌を歌うにしても感情表現が必要だから、映画を一本ぐらいやっておいてもいいんじゃないか』って。詭弁なんですけど。

そんないきさつだから映画を続けるつもりはありませんでした。でも、歌手になりたくても、なかなか方向転換が上手くいかないの。というのも、当時は東映と第二東映というのがあって、それで週に二本ずつ映画を撮らないといけない。月に十六本ですよ。そうすると、それだけ主役が要るわけですよ。しかも、それ以前に波多伸二さんという俳優がいらして、主役もしていたのですが、単車の事故で亡くなってしまったんです。第二東映には高倉健さん、水木襄さん、梅宮辰夫さん、千葉真一さんがいて、健さんが美空ひばりさんの相手役として少しランクアップすることになったので、『もっと若手を』ということで僕が入った。補欠の補欠みたいなもんでしたが、それでも主役をやらせてもらってね。それで、次から次へ作品が来ているうちに歌と疎遠になっていってしまったんです」

東映は東京の大泉と京都の太秦に二つの撮影所を所有している。東京は主に現代劇を、京都は主に時代劇を製作しており、松方がデビューしたのは大泉だった。が、すぐに京都に移り、時代劇に出演することになる。当時の東映は年間百本近い時代劇を量産していた。

「ある時、大泉の正月作品で時代劇の鬘を被ったんです。そしたら似合うというので、十八歳の時に太秦に引っ張りこまれました。当時は（北大路）欣也と二人で売り出されました。あいつは『東映のプリンス』、僕は『東映の暴れん坊』ということでね。でも、客は全く入らなかった。

当時は台本を覚えるので精一杯でした。五冊くらい抱えているわけだから。顔は同じまで衣装の鬘だけ変えて朝昼晩と一日三班、違う現場を回りました。ですから、芝居の勉強というより、即実践でした。その代わり現場で下手を打ってばかりいて、僕だけ最後までよく残されていましたよ。

相手役にしても丘さとみさん、花園ひろみさんとみんな先輩で上手くて、十八歳の僕とはレベルが違うんです。それでも、監督さんたちが時には怒りながら丁寧に教えてくれました。テスト二十回、三十回は当たり前で。誰に演技を教えてもらったというのはないですが、監督さんたちに手取り足取り教えていただいたというのはありますね。今はそれだけできる監督さんはいませんよ。

それから、今は使い捨てなんですが、当時の映画会社にはスターを育てるというのが使命としてありました。五社協定というのがあって、自前でスターを作らずにヨソから引っ張ってきたら高くつくんです。そういうシステムの時代にこの業界に入ったんです。

僕は四十歳になった時に『修羅の群れ』に主演できましたが、そこへたどり着くまで結構大事に、いい作品に出させてもらいました。今はもう、そういうシステムはない。映画会社が自前で映画を作りませんからね」

素晴らしき先輩スターたち

60年代初頭、松方は数多くの東映時代劇に出演している。そこには片岡千恵蔵、市川右太衛門、大友柳太朗、中村錦之助、大川橋蔵、そして父・近衛十四郎と、綺羅星の如き時代劇スターがいた。

「父親から教えてもらったことは何もないです。勝手に覚えろ、と。昔の俳優さんだから、家に帰ってこないの。お茶屋から撮影所に直接行ってましたから。たまに帰ってくると、『お前は役者じゃない。クシャクシャだ』って厳しい言葉を言われましたね。撮影所でも、変わりません。あの当時は年功序列ですから、先輩と撮影する時は必ず先輩の部屋にご挨拶にうかがうの。それは父親でも変わりません。父の『柳生武芸帳』シリーズとかに随分と出ましたが、必ず挨拶に行くと化粧したまま鏡越しに『おう』と言うだけで振り向いてもくれないんですよ。ライオンが我が子を崖から突き落とす教育です。

ただ、『俺は芝居はあまり上手くないけど、立ち回りは日本一だから、それは見に来た方がいいぞ』と言ってくれました。月に十五本も撮影が入っていましたから、先輩の芝居を見に行くのはたすかったんです。撮影が早く終わった時は、セットを何杯も見て回りました。今の役者は自分のロールが終わったらとっとと帰りますが、そんなことは絶対になかった。

大好きだったのは、錦兄ィ（錦之助）の芝居ですね。若い頃の僕の芝居を見たらほとんど錦兄ィのマネをしています。『中村錦之助』の時の錦兄ィはセリフの切れも動きも天下一品ですよ。それから華があった。『華も実もある』といいますが、『華』は天性のもので後になって磨けないんですよ。やはり主役は華がなきゃダメだと思いますよ。『萬屋』になってからは、ちょっと難しかったですね。芝居が上手いから、それを受けてくれる役者がいないとダメなんですよ。それで『柳生一族の陰謀』の時に錦兄ィには『もうちょっとレベルを落として』と言っていました。他の人と芝居の差がありすぎてしまって、浮いてしまうんです。

凄くできるから、やりすぎちゃうんですよ。そうすると、たとえば相手役の成田三樹夫さんも素晴らしい役者でしたが、現代劇出身だからどうしてもバランスが悪くなってしまうんです」

若手時代に先輩スターたちの現場を数多く見てきたことが、後の松方の芝居に大きな影響を与えることになる。『名奉行　遠山の金さん』（88～98年・テレビ朝日）の白州での凛々しい姿や、任侠映画での美しい着流し姿などは、まさにその成果といえる。

「時代劇とヤクザとで着流しの長さは変えています。ヤクザの時は二寸くらい短い。それは衣装部と相談して決めていますね。

今は自分で衣装を着たり帯を締められる役者はいないでしょう。着流しを衣装さんに着させてもらう時、今の俳優さんは足を開いて突っ立っている。それだと、帯から下がフレアスカートみたいになってしまいます。僕は着流しを着る時は足をクロス気味に閉じて着ます。そうすると、タイトスカートになるんです。

先輩がそうして着ているのを僕は見てきましたが、今の若い俳優さんは見ていない。それでは何十回着てもダメです。袴の位置も帯の位置も、自分で前を合わせてちゃんと着ないと。帯も締められっぱなしだから、途中で苦しいと言い出す。帯も自分で巻きながら二重目に来た時にブレーキを引っかけると絶対に締まらないんですよ。

三尺ものの時代劇で渡世人を演じる時、錦兄ィは浅黄色のパッチにストレッチ素材を別注で入れていました。ですから、立つ時に皺が寄らなくてカッコいいんです。なんであんなにカッコいいのか、今の人は見ていても分からないんじゃないかな。

中村嘉葎雄さんに教えてもらったこともたくさんあります。一緒にやらせてもらった時に、いろいろと聞きました。

たとえば『遠山の金さん』の長袴。あれを穿く時は素足ではなく、大名用の高い雪駄を履いているんです。そうすると、女性がハイヒールを履くのと同じで、立った姿が物凄くイイんです。

それから、長（袴）の裾を前に飛ばす時、素足だと上手く飛ばない。裾の先に小銭を入れておくんです。すると、それが重しになって伸びがよくなる。そういうのは嘉葎雄さんに教えてもらいましたね」

松方弘樹

近衛十四郎と殺陣

松方弘樹の父・近衛十四郎は熱心な時代劇ファンたちから「日本一のチャンバラ役者」と現在もなお讃えられ続けている。若手時代、松方は『柳生武芸帳』シリーズ（61年〜63年）などの近衛主演の東映時代劇で数多く共演してきた。

「父は立ち回りは一回で覚えるんですよ。僕が十回も二十回もやっている間、『ワシは疲れるから、やらんぞ』と椅子に座っているだけでね。

それで『おい弘樹、（準備は）いいのか?』『はい、お願いします』『行くぞ』ということで本テス（本番前最後のテスト）になるのですが、『一、二、三、四手は早く行くぞ四手と五手目で間を入れるぞ。六、七、八、九、十、十一、十二は早いぞ。十二と十三は間があるぞ』って言いながら、二十手ぐらいの手を一回で覚えるんですよね。僕も覚えるのは早い方ですが、何で覚えられるのってくらい父は早かったですね」

近衛は刀を斬り上げる時に右手を返す型が特徴的だが、それは松方も受け継いでいる。

「その方がただ斬るだけよりイイんですよ。斬った後で手首を返す方が、刀の先が動きますからね。刀っていうのは手首に力が入ったら先が動かないんです。今の俳優さんは手首が硬いまま刀を振りまわしている。そうすると、刀は走りません。ゴルフも手に力を入れたら飛ばないでしょう。それと同じですよ。

立ち回りは自分でかなり研究しました。たとえば、(大川)橋蔵さんは斬る時に内股になる。その方が袴を穿いていない着流しでの立ち回りの時に綺麗なんですよ。裾が乱れないんです。そういうのは見ていれば分かることですが、基礎がなかったら見ても分かりませんよ。

先輩がやったことを全て覚えておいて、今でも注文しています。たとえば弁慶を演じる場合、袈裟頭巾といって坊さんの袈裟を頭に巻くのがカッコいいんです。袈裟って、金糸が入っていたりして、凄く綺麗なんで。でも、今はその袈裟をピシッと巻けるスタッフは一人もいません。ですから、今は白い布をただ巻くだけ。そんなの弁慶じゃないですよ。注文をこちらから出さなければ向こうのお仕着せになってしまう。ですから、時代劇というのはポイントを必ず見ておかないといけないんです。注文を出せるだけの知識が必要ですから」

松方弘樹は七十歳を超えた今でも、時代劇の立ち回りで見事な刀さばきをみせている。

松方弘樹

手首の力を、抜け。

それは、若手時代に東映京都撮影所で鍛え抜かれたのが大きい。

「立ち回りは昼休み、夕方休みに飯を二十分で食べたら東映剣会（殺陣師と立ち回りの斬られ役が所属する東映京都の技術集団）の方が五、六人待っていてくれて、一緒に立ち回りの稽古をしてくれました。ありがたい時代にこの業界に入ったと思います。今はもう、いきなり現場で『やれ』って言われますからね。

最初の頃は『サウスポー剣法』っていうのをやっていました。僕は左利きなんで、右手で立ち回りができなかったんです。それで毎日、右手で稽古をしていました。『霧丸霧がくれ』なんていう映画を観てくれたら分かりますけど、全部左利きで斬っています。その代わり、今は二刀流は楽にできるんですよ。

当時の殺陣師は足立伶二郎という一人しかいなくて、その人が十四班全てを回っているから、そんなに細々とつけてくれないんです。だから、自分たちで考えるしかなかった。オールスター映画ではスターさんが十人くらい出ていて、僕は末席のペーペーだから自分で手をつけないといけなくて。たとえば、御大（片岡千恵蔵・市川右太衛門）がカメラ前で僕がバックにいるとします。御大は早くて僕は遅いから、御大が十手やったら僕は六手くらいで合うんですよ。

そういう時は剣会の人たちと一緒に、自分たちで手をつける。そういうシステムでした」

任侠映画と『仁義なき戦い』

60年代半ば、東映は不振に喘ぐ時代劇を諦め、任侠映画をメインの路線に据える。時代劇の頃は主役も少なくなかった松方弘樹だが、この時期は脇に回るようになっていく。そして69年、大映に移籍した。同年に早逝した大映のトップスター・市川雷蔵の穴埋めを期待された松方は、『眠狂四郎』『若親分』といった雷蔵の当たり役を演じている。

「大映にはレンタルという形でした。東映にいても上がつかえていましたからね。それで、岡田茂さんが『ちょっと大映に行ってこい。あそこはスターがいないから、主役を取れるぞ』と。

東映じゃあ、うだつが上がらないんですよ。役も二番手ならまだいいけど、その辺のいい役は待田京介さんとかがもらっていましたから、その上には行けなかった。任侠映画のほとんどを作っていた俊藤浩滋プロデューサーからも『お前はまだ若い』と言われていましたし。

大映だったら主役は勝（新太郎）オーナーしかいませんから、京都には。ですから、喜んでレンタルで行きました。

雷蔵さんのことは意識しませんでした。時代も違うし、共演者も違うわけですからね。もちろん以前の作品を観ながら良い所は盗みますが、芝居を意識することはありません。

大映と東映では、ライトの光量が全く違いましたね。東映は全体を綺麗にしますが、大映は陰影があるライティングなので、アップを撮る時なんかは産毛が焼けるくらいに熱いんです。

ところが二年して大映が潰れちゃったから、東映に戻ったんです。で、またうだつが上がらなくて。それでも平気でした。人生をそんな真剣に考えていませんもの。もともと役者になる気もなかったわけですから。俊藤さんがキャバレーの巡業を組んでくれて歌も歌えましたし。北海道から沖縄までキャバレーが何千軒もあったので、『お金がない』と俊藤さんに言ったら『おう、一週間ほど行ってこい』ってキャバレーの巡業ですよ。鶴田のおっちゃん、健さん、文ちゃん、みんな行ってました」

松方にとって、役者として大きな転機となったのが73年、深作欣二監督による大ヒット映画『仁義なき戦い』だった。第一作をはじめ、シリーズ五部作で三回登場していずれも殺されるヤクザを演じたことで強い印象を残した松方は、再び主役級のスターに名を連ねていった。

「深作欣二監督が脂の乗り切っている頃で、熱気がありました。祇園で朝まで飲んで、それで『お前ら寝るな』って言うんです。なぜか聞いたら『明日の撮影は目が赤い方がいいんだ』って言うんですよ。多分、二か月は寝てないですよ。それでも平気なくらい集中していました。だから画にも力が出てくる。監督さんというのはスタッフ・キャストを引っ張っていく現場監督ですから、パワーが必要なんです。あの頃の深作さんは、そのパワーがあった。それだけの統率力とカリスマがありましたよ。実動四十五日で、あの人はほとんど寝ていなかったんじゃないですかね。

最初の作品で『坂井の鉄ちゃん』という役をもらって、それでいろいろと考えて。でも死んじゃう役だから次に出るとは思いませんでした。そしたらまた監督に呼ばれて、また違うことを考えて、また死んで、また呼ばれて違うことを考えました。

台本を読んで『イイ役だ』と思ったらテレビのポッと出の俳優に行ったことがありました。でも、これが川谷拓三、室田日出男、志賀勝の中に入ったら消えて霞んでしまう。出が多ければいいってわけじゃないんですよ。たとえワンシーンでも、ちゃんと演じられるかどうか。それは俳優としてのホンの読み方にかかっていると思います。

僕は台本を読む時、自分の役は読みません。まずはストーリーだけ何回も集中して読みます。確実に言えるのは、イイ本はイイ役がいくつもある。ちょっとしか出てなくてもね。それで『ああ、これはイイ本だ。これなら出たい』と思ってから自分の役を読みます。自分の役なんて、もう二の次なんですよ」

多くのスターが任侠映画から離れていった80年代、松方は『修羅の群れ』（84年）『最後の博徒』（85年）に主演し、その孤塁を守った。

「あの辺に出たのは、ちょうど四十歳なんですよね。男盛りですよ。大事なのは、それまでの間にどれだけ蓄積していけるかだと思います。若いうちはキレイキレイでもいいんですよ。今は昔と違って作品が少ないですから、継続していくのは大変だと思います。妻夫木（聡）は芝居は上手いし、（小栗）旬も凄くよく考えて芝居しているけど、まだ若い。彼らが四十になって『立つ』となったとき、蓄積したものが残っていたらいいと思います」

時代劇の現状

松方は２００９年の大河ドラマ『天地人』で徳川家康を憎々しい悪役として演じた。他にも、松方が歴史上の人物を演じる際は、史実のイメージに留まらない毒々しさを放つことが多い。

「一番極端な例は『柳生一族の陰謀』で将軍・徳川家光をやった時ですね。顔に痣《あざ》を作って、吃音にしてね。それをやりたいと深作欣二監督に言ったら、『おお、いいな』と乗ってくれました。弟の忠長がイイ男で家光は人望はないし風貌もよくないという設定でしたからね。

『天地人』の家康では頭に瘤《こぶ》を作りました。僕らが若い頃って、そういう人がいましたからね。渡辺謙が主演の『織田信長』（89年・ＴＢＳ）で僕は斎藤道三をやりましたが、その時に最初に瘤をしたんです。それが反響がよかった。で、今度は家康が悪役だというから、普通にやったら面白くないと思って。それで宣教師の帽子で瘤を隠していて、天下人になったらそれを初めて見せるとか、先までいろいろと考えましたよ。

演じる上では悪の方が面白い。人殺しも、殺されるのも、映画やドラマの中でしかできません。それを『らしく』見せるのが演者でしょう。その時に一番『らしく』見せられるのが悪役なんです。

主役は淡々としている方がいい。ずっと出ているわけですから、やり過ぎるとお客さんが飽きるんですよ。映画ってマンツーマンで対峙しているわけですからね。

ですから、僕も主役の時は割と流すシーンが多いです。悪や脇の時はいろいろと考えます。主役を食ってやるくらい頑張ると、主役が立ってくるんです。今のドラマは周りも下手だし主役も下手だから、どうにも観てられないね」


近年の松方弘樹で印象深いのは２０１０年の映画『十三人の刺客』だ。本作の松方は、武士としてのたたずまいや立ち回りの凄味で、並みいる人気若手俳優たちを圧倒していた。

「立ち回りは、いきなり現場ではできませんよ。彼らは刀を持ったことも、差して歩いたこともない。

それに袴も穿いたことがないから、どんどん下がってきて五回も座ったらケツが出ちゃって、そのまま引きずって歩いているもんね。僕の立ち回りを、『十三人』を演じた俳優はみんな見に来ていましたが、見ててもできないです。

しかも、あの立ち回りは『動』ばっかりで『静』がない。ただバンバン斬っているだけで、さらに血糊を塗っているから誰が誰だか分からないんですよね。ですから、僕のカットでは絡みに『俺がジッとしたら動くな』と指示しました。止まるから初めて、動いたスピードも速く見える。だから、僕の所だけ違うんです。

でも、立ち回りは一人ではできない。絡みがいて初めてできるんですが、あの現場には二百人のうちできるのは五人くらいしかいなかった。だから、『動くな』と言っても、みんな逸《はや》るんですよ。自信のない奴はどんどん近くに寄ってくるんです。刀は遠くから伸ばした方がよく映るのに、そばに来るんです。

立ち回りはちゃんと絡みができる俳優が本当にいなくなった。ただでさえ芯のできる主役がいなくなっているのにね。両方が下手なんだから、今の時代劇は見てられないわね。酷い。

昔の映画の所作事が素晴らしいのは、時間をかけているからです。時間というのはお金です。お金があったら、もっと画はよく撮れます。僕らの若い時はテストを二十回もやってくれましたが、今は一回か二回ですからね。それでは上手くなりません。今の映像は、金がないのが全てです。俳優さんが悪いんじゃない。体制が悪すぎる。

悲しいです。いい時代を見ているだけに、今のテレビドラマや映画の現場に行くと、悲しい」

（2014年5月26日取材）

立ち回りには、「静」がいる。

松方弘樹

前田　吟

1944年2月21日生まれ。山口県出身。63年、劇団俳優座養成所に入所。同期に原田芳雄、地井武男、夏八木勲らがおり「花の十五期生」と呼ばれた。68年の映画『ドレイ工場』での演技が山田洋次監督の目にとまり、映画『男はつらいよ』シリーズに抜擢。寅次郎の妹・さくらの夫（博）役を演じ国民的俳優となる。テレビドラマでは76年の『となりの芝生』以来、橋田壽賀子脚本作品に多く出演し、特に『渡る世間は鬼ばかり』の長女・弥生の夫役として広く知られている。その他の出演作に『八甲田山』（77年）など。

花の十五期生

前田　吟

前田吟は役者を目指し高校を中退、大阪から上京して東京芸術座で一年の研修を受ける。

「中一の時に、親も兄弟も一切いない独りぼっちになっちゃいましてね。そんな時に映画雑誌を読んでいたら、田中絹代さんや高峰秀子さんの話が出ていて、俳優さんって苦労人が多いと知りました。それなら、自分もなれるのではと思ったんです。

それで、俳優になりたくて高校を中退しました。地元の山口を出て、大阪の演劇学校に通ってね。だけど、そこでは壁にぶつかってね。大阪だと大阪弁の喜劇ができなきゃいけないんだけど、柔らかさを出せなかった。

それでタレント養成所みたいな所に通うようになって、新国劇をお作りになった倉橋仙太郎先生がそこに講師でいらっしゃった。僕が熱心に質問をするものだから興味を持たれたみたいで、踊りを習ったり、芝居の稽古のできるアルバイト先を探してきてくださったんです。天王殿という結婚式場でした。

アルバイトがない時は先生の道場に通いました。それが一年くらい続いた時、『どうしても俳優になりたいなら、東京の俳優座養成所へ行って教育を受けなさい』と言われたんです。それで一念発起して東京へ出ました。

ただ、俳優座養成所を受けるにはまだ自信がなかったので、東京芸術座という所に入りました。薄田《すすきだ》研二さんと村山知義さんがやっている所でね。そこで一年間学んだところ、まだ足りないと思ったんです。このまま世に出ても潰されるだけだ、と。それで俳優座の養成所を受けました」

1963年、前田は俳優座養成所へ入所、そこには夏八木勲や原田芳雄ら錚々たる同期生がいて、彼らは後に「花の十五期生」と呼ばれることになる。

「原田芳雄は本来なら一期上で、みんな『兄貴』と呼んでいました。ところが、僕らが三年になった時に原田は留年してこっちの学年に降りてきた。養成所は三年になると、卒業公演を含めて舞台公演が三回あります。その三回とも主役は原田でした。

夏八木も含め、最初はみんな萎えましたが、刺激にもなりましてね。みんなして『おのれ!』って。そういうライバルがたくさんいて、切磋琢磨できたことが大きかった。それこそ、死ぬまで切磋琢磨しないと誰かに追い抜かれちゃうという気持ちがありましたね。

夏八木とは器械体操の時間なんかはよくサボって、時代劇の立ち回りの練習をしていました。『あの映画のあの場面をやろう』って。でも、いつも俺が斬られる方ばかりだから、斬る勉強にはなりませんでした」

前田は養成所時代から山本薩夫監督の『スパイ』（65年）、小林正樹監督『怪談』（65年）といった独立プロダクション系映画や、テレビドラマ『おんまの国』（64年・フジテレビ）などに出演してきた。

切磋琢磨は、死ぬまで続く。

前田 吟

「俳優座の養成所は二年生の夏になると『武者修行してきなさい』ということで、どんどん外に出してくれるんです。僕のところには夏休みの初日に三、四人の監督から面接の申込みがありました。それも小林正樹さんとか羽仁進さんとか錚々たるメンバーですよ。

俳優座には映画放送部がありまして、そこには加藤剛さんや山本圭さんという売れっ子がいた。あの人たちに持ってきたけど忙しくて出られない仕事は、『まだ生徒だけど、いい子がいるよ』と僕らを紹介してくれた。養成所の若手ってみんな東京っぽいし、学生っぽいんですよ。でも僕は天涯孤独で、いろんな所でずっと働いてきたから、生活感がある。それで漁師やパン屋、そういう若者の役はみんな僕の所に来るんです。

それから、僕は早目に『プロの世界は違う』と知っていました。実は東京芸術座にいる時から、内緒でエキストラのプロダクションに入っていたんです。これからはテレビの時代になると思ったから、テレビドラマの作り方を肌で知っておきたかった。通行人をやっているうちに、馴染みの助監督とかに『ここで一言しゃべってもいいですかね』と言ったら、『おう、上手くやれよ』と。それで『おーい、待てよ』とかカメラの変わり際に話したりね。それで『テレビはこう話せばいいんだな』というのが前提として理解できていたんです。

俳優座で教えてもらったのはスタニスラフスキー・システムといって、内面から、気持ちから役をつくっていかなきゃいけないというものでした。でも不思議なもので、気持ちが入り過ぎるとセリフって出てこないんです。それで、たどたどしくなる。役を作り過ぎてしまう傾向があるんですよ。でも、テレビは稽古の時間も少ないし、あまり気持ちが入り過ぎると合わないんです」

「稼ぐために演じる」

前田　吟

卒業後は、どこの劇団にも所属せず、映画やテレビに出まくった。

「僕には稼ぐことしかなかった。養成所を出た時には子供がいましたから、生活が人より違っていたんです。方針は『稼ぐ』ということ。芝居を上手くなろうとか、いい芝居をしようとか、劇団を作ってみんなで好きな芝居をしようとか、そういうのは毛頭なかった。もう、稼ぐことだけ。そのためには、売れるしかないんです。ただ、そうやって養成所の頃から映画やテレビにたくさん出たせいで卒業後はどこにも行く所がなかった。どの劇団からも『あいつは金のために役者をして、汚れている』と思われたんでしょう。

それに、十五期の中では生活感があって個性的でも、プロになればそうはいかない。たとえば俳優座には井川比佐志さんがいて、漁師やっても農民やっても僕より遥かに生活感のある方がいるわけですから」

68年の映画『ドレイ工場』が初めての大役となった。山本薩夫監督が労働運動の最前線を描いた本作で、前田は弾圧と戦う若手組合員を演じた。

「画面に出て『あれが前田吟だ』と分かる作品は、あれが初めてですね。今までは本名の前田信明で出ていたんです。それで、これから役者として生きていくには名前を変えようと思いました。『吟』というのは、もうそれしか読みようのない漢字だからです。三文字にしたのは、それならたとえ六番目でもテレビ欄に載せてもらえそうに思ったから。加藤剛さん、山本圭さん、と一字の名前の俳優が流行っていましたし。

この作品で『これで絶対に世に出られる』と思いました。ただ、気持ちが入り過ぎていた。舞台なら、それでいいんです。客席から離れているから、入ってないと気持ちが見えない。でも、画面でそれだと硬く見えちゃうんだ。

たとえば苦労した人間を演じたとしても、苦労って目に見えないでしょう。見えない方が面白いんですよ。『そんな顔して、あなた苦労してきたの?』と思わせた方が、面白がってもらえる。そのことに気づいたのは『男はつらいよ』の後半になってからです」

『男はつらいよ』と山田洋次

前田の代表作といえば、多くの方が『男はつらいよ』シリーズを思い浮かべることだろう。69年から95年まで続いた全四十八作にも及ぶ国民的作品で、主人公・車寅次郎（渥美清）の妹・さくら（倍賞千恵子）と結婚した「博」役で出演し続けた。

「『ドレイ工場』の試写会に、僕のマネージャーが山田洋次監督を呼んだんですよ。それで、山田監督には『泣いてたまるか』の最終回に渥美清さんの演じるトラック野郎の助手役で出させてもらいました。

『男はつらいよ』の撮影が始まった段階で、博の役だけが決まってなかったようです。それで僕はマネージャーと撮影所に呼ばれて、食堂で監督にお会いしたら『君、山口県だっけ』と聞いてきたんです。『はい』と答えたら、監督は『ああ、そうなのか』と。それだけでしたが、これで決まったと思いました。山田洋次監督は僕と同郷の山口出身でしたし、博は僕と同じで親も兄弟もいなくて、一人で上京してきた。そういう経歴が監督の中で重なったんじゃないでしょうか。

山田監督は厳しい人で、朝十時からテストを始めているのに夕方の三時になってもカメラを回さない。その間ずっとダメ出しをされ続けていました。家に帰ってきて『ああ腹減った。お母さん、飯作ってよ』とか、そういう柔らかくて自然な普通のやりとりについて、一つ一つの声のトーンまで細かかった。僕は家族がいなかったから、ホームドラマの『ホーム』を知らないんですよ。家族を知らないから、思い切った芝居ができたんだと思います。

監督の教えを守れば役者として食えると思いました。山田監督流の自然さを身につければ、映像の世界で食べられると。で、山田監督の教えの実験場として映画やテレビドラマに出ることにしました。TBSの『高原へいらっしゃい』も、勝新太郎さんが監督された映画『顔役』も、『仁義なき戦い』も、『八甲田山』もそうです。山田監督で学んだことを他で思い切り試して実践して、『寅さん』に戻った時に『どうです、山田さん。僕は自然に柔らかくできるようになったでしょう』というのを見せようと。その繰り返しが役立ちました」

寅さんを演じてきた渥美清とは二十六年に及ぶ付き合いとなったが、撮影現場で演技についてのアドバイスを受けたことは一度もなかったという。

「俳優ってアドバイスはしないものです。渥美さんにも極意を聞きたかったんだけどね。ただ、哲学者みたいに『吟ちゃん、スーパーマンは飛べないんだよ』って言うことはありました。要は謎かけなんです。

僕の解釈としては、『映画の中のスーパーマンは空を飛べるけど、スーパーマンを演じる役者は空を飛べない』ということ。役者は全てを自分で表現するしかない。寅さんはみんなを笑わせて劇場で大歓声を受けているけど、あれは役柄としての『寅さん』であって、『俺自身はあんなに人を笑わせたり楽しませたりできないんだよ』と渥美さんは言いたかったんじゃないかな。

先輩でアドバイスをくださったのは、小林桂樹さんだけですね。よくお酒を飲んだのですが、その時に『演技というのは、ホテルの部屋の鍵穴から見られているようなもんだ』と教わりました。あまり後ろばかり向いていると、お客さんはもう嫌になって見てくれなくなる。どこかでチラッと『俺はいるぞ』という顔を見せないと。ですから、あまり流れるような演技ばかりしていてもダメなんですよ。

前田 吟

演技とは、部屋の鍵穴から見られているようなものだ。

それで『赤い激突』などでは思い切った悪役をやりました。『男はつらいよ』で人間的に素晴らしい役を演じてきたけど、その世界の嫌いな人も絶対にいる。そういうリアリズムだけじゃない劇画っぽい芝居もしないと、お客さんに飽きられると思ったんですよ。『赤い』シリーズは、舞台劇と思って臨みました。忙しくて舞台に出演できなかったから、その代わりだね。まだ若いのに髭をつけたりオールバックにしたりして岸田今日子さんの夫役までやったんだから。僕はどちらかというと童顔だったから、早く大人にならないと仕事にならないと思ったんだよね。化けるということが役を作ることなんだろうということで、苦しいけど役を作る方に回ろうと。

悪役をやる時は、『嫌だな』『不潔だな』という芝居はテレビだと通用しない。目つきとか、しょっちゅう耳をほじるとか、人が大事な時に鼻毛を抜くとか、そういう一つの癖を持つことだね。あとは、静かなところを静かすぎるくらいにやったり、怒るところで異常に怒ったりとか、人から嫌われる人って、たいていそうやって日常生活で戸惑わせることをやってるよね。そこは意識しています」

ショーケンとアドリブ

前田は時代劇の出演も数多いが、中でも印象的なのは73年のテレビシリーズ『風の中のあいつ』（TBS）だ。通常の時代劇では「清水の次郎長」の悪役として登場する幕末のヤクザ「黒駒の勝蔵」を主人公に据えた異色作で、前田は萩原健一扮する勝蔵の相棒を演じている。当時の萩原はミュージシャンから役者に転向したばかりだった。

「ショーケン（萩原）との共演は、物凄く勉強になった。彼は我々みたいに計算して役作りするんじゃなくて、研ぎ澄まされた感性で演じるんですよ。

音楽から来る感性もあるんだろうけど、静かにするところと激しくするところを自分なりに作曲できている。『え、こんなところで怒鳴るの？』という芝居があるんです。我々

前田 吟

ショーケンは芝居を作曲していた。

は卜書きに『冷静に』とある時は冷静に演じるし、激する芝居をする時はだんだんと気持ちを高ぶらせる。ところが彼は冷静に演じないし、いきなり怒鳴る。それで怒鳴ったかと思ったら、今度は静かにしたり、わざと笑ったり。

それ以来、卜書き通りにやったんじゃお客さんはあまり感動しないと思うようになりました。僕は僕なりにコツコツやっていけばいいと思っていたから、どんな良い俳優でもマネしようとは思わなかったけど、彼だけは違った。それで、芝居をだいぶ変えました。相手にセリフを渡すまでは、自分のセリフは自分なりに作曲すればいいんだって。山田（洋次）組でも積極的にアドリブを言いましたよ。ショーケンのお陰で、いろんな発想ができるようになったんです。

でも、そのうちにまた変わっていくんですよ。歳をとるにしたがって、最終的には監督に言われる通り、卜書きの通り、書かれたセリフの通りにしっかりやればお客さんは見てくれるというか、要するにそういう役割担当で末長く稼いでいこうというね」

76年のNHKドラマ『となりの芝生』に出演して以来、『おんな太閤記』（81年・NHK）『渡る世間は鬼ばかり』（90～11年・TBS）と、橋田壽賀子脚本のテレビドラマにも数多く出演してきた。

前田 吟

「『となりの芝生』のオファーは別のドラマとほぼ同時に来ました。事務所は別の方を取ろうとしたのですが、僕が『ちょっと待ってくれ』と。NHKでギャラは安いので生活の足しにはならないけど、この役は絶対にやった方がいいと思いましたね。テレビドラマでは特殊な役ばかりで普通のサラリーマンはやったことがなかったですから。

あの時は、橋田脚本をかなり変えていますよ。寝る時にネットを被ってやってみようとか、他の俳優さんのやりたがらない生活感をリアルにね。それから、嫁と姑の話なんですが、かなりお母さんに甘える演技もしました。そうやって、脚本では割とスッと流れているドラマの中にインパクトをつけてやろうと思ったんです。

橋田脚本の長ゼリフは苦になりませんよ。本人の地が少しでも出るとセリフは言いにくくなってしまう。そうじゃなくて、役になりきってしまうと楽なんです。トチったとしても、僕じゃなくてその役の人間がトチっていると責任転嫁できるから。役になりきってさえいれば、『前田吟』は関係ないんですよ。

あと、その役を嫌っちゃうとセリフが出にくい。僕は俳優を仕事だと思ってやっているから、嫌いな役も平気でやるんだけど、好きになろうとしています。そうすれば、長いセリフも面白おかしく言うことができます」

泣かせる演技

77年の映画『八甲田山』では、高倉健扮する連隊長の下で雪の八甲田を踏破する下士官を演じた。

「こういう大変な作品も若いうちにやっておいた方がいいと思って出ました。僕たちはあの連隊の全行程を実際に歩いて回ったんですよ。最後は健さんの指揮でパパッと全て動けるようになっていました。何も言わなくても、自然とみんながそうするようになる。健さんは、そんな人です。撮影に入ったら、ほとんど食べないし、寝転んだりしないし、自分で足踏みして暖をとる。猛吹雪の時はカメラを回せないから、自分たちでテントを作って収まるのを待ったこともありました。異常な寒波が来て、危ない時もありました。

弟の死体を雪の中から見つける場面は、僕はいつ撮るか分かっていませんでした。天候の問題もありましたし。それで、毎日毎日、来る日も来る日も雪の中を歩いて。そしたら今日は撮らないだろうと思っていた午後三時過ぎに急にカメラを回し始めたんですよ。僕は一発で決めてやろうと思った。ああいうお芝居になると、スタッフもみんな泣いちゃって。健さんも涙を流されて。照明さんも泣いちゃって、ライトが揺れたんだよ。それで僕の口元が映らなくなって、口の動きが分からなくなっちゃって。後でアフレコが大変でした。

スタッフが感動してくれないと、映画館では絶対に人は泣かないと思っています。だから、あの時もスタッフを泣かせてやろうと思っていたんだ」

Vシネマ時代劇『高瀬舟』(88年)では、心ならず人を殺した青年の独白を刑場に向かう舟の上で聞き続ける、心優しい同心を演じた。本作をはじめ、『男はつらいよ』などのホームドラマや刑事ドラマで、前田は「聞き役」を演じることが多い。

前田　吟

「やっぱり、受けの芝居は一番大事です。いい俳優さんは相手のセリフをまず覚えると言いますけど、僕もそうしています。それから、なるべくなら相手のセリフをよく聞いて、その言葉尻というか、そのセリフを食っていかないように気を付けていますね。

あとは、相手の顔は見ないようにしています。やたらと顔を見てくる人もいますが、実際の夫婦は話す時に目を見ませんよね。これは山田監督が言っていたんですが、そういう時はボーッと見るんじゃなくて、どこか一点に焦点を合わせる。たとえば、人が話をしている時にコーヒーカップを見つめていると、どこかその相手をバカにしたような感じが出るでしょう。でも、俳優ってみんな真面目だから、つい相手を見て、ハイハイとうなずいてしまう。そうすると、芝居がつまらないんだよね。

脇役で大事なのは芝居を喧嘩させないということ。『吟さん、ここは出ないでよ』と監督に言われて『冗談じゃない。ここは俺の芝居場だ』とか思ったらダメです。映画は主役のものなんだから。脇役は添える係。人間として上手く消えてないといけない。今でも、家で自分で化粧して頭も染めてから電車に乗ります。それで『変なオジサンがいる』と思われたら、実際の画面でも溶け込んでないということなんです」

近年ではバラエティ番組、旅番組などでも幅広く活躍している。

「僕は演技をすることが仕事だと思っています。飯を食うため、自分が生きるため、家族を養うため、そのために演技がある。ですから、どんな役でもやりますし、時間のある限りはスケジュールが合えばバラエティ番組も出ます」

（2013年8月21日取材）

平泉　成

1944年6月2日生まれ。愛知県出身。64年、大映京都第4期フレッシュフェイスに選ばれ、66年『酔いどれ博士』で映画デビュー。以降、善悪どちらも演じられる名脇役として存在感を見せ、すさまじい数の映画・テレビドラマに出演している。映画では『書を捨てよ町へ出よう』(71年)、『その男、凶暴につき』(89年)、『のぼうの城』(12年)、テレビドラマは『家政婦のミタ』(11年)、『あまちゃん』(13年)など。近年はナレーション、テレビCM、バラエティ番組でも活躍している。

ホテルマンから役者へ

平泉成は1964年にホテルマンから転身、大映のニューフェイス試験を受けて合格し、役者人生のスタートさせている。

平泉　成

「高校を卒業して名古屋の都ホテルに就職しました。フロントのページボーイに回されましたが、私は商業高校出だったもので、このままホテルに勤め続けるのなら大学を出ないと出世できないと思いましてね。

それで、どうしようかと思っている時、ホテルの寮の相部屋が同志社の相撲部のキャプテンだった人で、『お前、役者をやりたいなら、俺は市川雷蔵を知っているから紹介するぞ』と言ってくれまして。雷蔵さんといったら、当時の大スターですからね。

それでニューフェイスの試験を受けたらなんと受かっちゃったんです。それまで雷蔵さんには一度もお目にかかってなかったのですが、審査員の一人に雷蔵さんがいらっしゃいました。受かって撮影所に入った後で雷蔵さんにご挨拶したら、俺が入れてあげたという話は一つもされなくて。まぁ雷蔵さんが僕に合格をくれたんだとは思うんですが、それはハッキリとは分かりませんでしたね。

当時はまだ若かったから背負っているものは何もないし、会社を辞めるということがどういうことかもろくに考えもしないで即決しました。上司からは『とにかく今は辞めない方がいい』と言われたり、『そういう辞め方をしたら後の就職も困るだろう』と言われたり。働いて半年で辞めたわけですからね。

それでも、『まあ、いいや』ということで映画界に入っていったんです」

大映には東京と京都、二つの撮影所があり、平泉は時代劇を専らに撮影している京都撮影所に配属される。そこでは当時、市川雷蔵と勝新太郎が二枚看板のスターだった。

「雷蔵さんには可愛がってもらいましたね。同志社の相撲部に何度かついていって、帰りに雷蔵さんのお宅でお茶をいただいたり。あと、『代わりに芝居を観に行ってくれ』とよく頼まれました。当時、俳優座、文学座、民藝といった劇団が勢いがあって、京都会館で芝居するときは雷蔵さんに切符が送られてきていたんでしょう。それで、お付きの人から僕に切符が渡されるのですが、切符の入った茶封筒には軽く一杯飲むくらいのお小遣いも入っていまして。

まあ、僕は芝居が下手でしたし、だからといって『芝居を観に行ってこい』と言ってもタダでは行かないだろうから、そうやって勉強させてやろうという雷蔵さんの親心、配慮だったように、今になっては思います」

必死の生き残り

当初はエキストラや斬られ役が多かったが、『釈迦』『座頭市物語』などで知られる大映京都のエース・三隅研次監督に目をかけられ、役者として成長していく。

「養成期間が半年くらいありました。そこでお芝居の勉強から、乗馬、三味線、日本舞踊、お茶、立ち回り、いろいろと勉強しました。ただ、お芝居が大好きで俳優になったわけではないので、特に目指す俳優はいませんでした。

ニューフェイスというのはスター候補生なのですが、僕にはいい仕事がなかなか来なくて。それで、みんなが嫌がるような役を進んでやりました。覆面をしていて顔も映らないのに、雷蔵さんに斬られて真冬の川に飛び込んだりね。そんなことをしてでもチャンスをつかまないと、出番は回ってこない。そういうことをやっていたら、三隅さんが『寒かったろう。ご苦労さん、お蔭でいいシーンが撮れたから、次は役をつけておくよ』って。

三隅さんにはいろいろと教わりました。エキストラで雷蔵さんの横を歩いていても、『ただの通行人でも仕事に行こうとしているのか帰ろうとしているのか意識しろ』と。ただ、エキストラだと台本ももらえないから、それが朝か夕かのチェックなんてできないんですよ。普段はエキストラって、その場に集められて、ただ歩くだけですからね。
ところが三隅さんはそうじゃなかった。『俳優課に行って台本を読んできなさい』と言われて確認したら、朝のシーンでした。すると三隅さんは『じゃあ、これから仕事に行く気持ちになって、そういう顔で歩かないとダメじゃないか』とおっしゃるわけです。日々そういう現場を経験しながら、『演じる』ということを意識するようになりました」

大映でキャリアを積んでいった平泉だったが、雷蔵・勝新太郎という二大スターに「追いつけ追い越せ」という意識は持たず、あくまで脇役としての立ち位置を全うしようと決意する。そして、時代劇・現代劇と作品に出まくっていった。

「印象的だったのは、増村保造さんが監督で勝さんが主演した時のことですね。二人の考えが全く違うんです。勝さんはナチュラルな芝居が好きで、増村さんは一言一言をキチンと言わせたがる監督でしたから。たとえば『腹が減った』というのを表現する時、勝さんは『いちいち腹が減った、飯が食いたいなんて言わなくても、飯を見てため息をつく。その方がリアルだろう』という発想なんです。ところが増村さんは『「飯が食いてえ」の最後の「え」がよく聞こえないから、もう一回やって』と。

エキストラでも、意識しろ。

平泉 成

その辺は、現場でどちらの力関係が勝つかを見なければいけません。僕ら脇役は、誰に対しても絶対的に負け者ですから。そこで、勝さんがいる時は勝さんの意思に近い芝居をして、勝さんがいなくなると増村さんの言うとおりの芝居をしました。

立ち回りでは、雷蔵さんは冗談で刀を当ててくるから、よくミミズ腫れになっていました。それで週刊誌を懐に挟んだりね。勝さんはほんの小さな隙間でも当てない。見事な刀さばきでした。そんな二人がいて、すごいなあと思いながら仕事をしてきました。

でも、僕は雷蔵さんになれるわけじゃない。勝さんになれるわけじゃない。そこは諦めていましたし、どちらかと言えばアンチの方でやりたいというのはありました。ですから、勝さんと現場をご一緒させていただいても、あえてあまりそばに行かないようにしました。

自分がやりたい芝居をするためには、近くにいて『今度、こういう芝居をしたらどうだ』と勝さんから聞いていたら負けちゃう気がしたんですよ。だから、待ち時間だけでも、せめて遠くにいようと決めました。本番になって芝居して、『お前、もうちょっとこうしろ』と勝さんに言われたら『はい』と言って、また離れて。また本番になったら芝居して、終わったら離れる。それを繰り返していました。

ニューフェイスで入った二十七人は結局みんなこの世界から足を洗って、僕だけが残りました。優秀だったからではありません。役者をやり続けるしかなかった。どこにも行くところはないんだから、これに人生を賭けるしかない。長く生きてりゃ自分の番が来るかも分からない、とそんなふうにも思っていました。上手くいかなきゃいかないで、選んだ道だからしょうがないですし。しがみつくしか、道は残ってなかったんです」

テレビドラマに出まくる

京都撮影所で時代劇を中心に四年を過ごした後、今度は東京撮影所に移籍して、宇津井健主演のテレビシリーズ『東京警備指令　ザ・ガードマン』（65～71年・ＴＢＳ）などの現代劇にゲスト出演するようになる。

平泉成

「京都の時代劇だと今風に喋ると怒られていました。それが東京では現代劇で喋ると『なんか時代劇のセリフみたいだな』と言われましたね。それから東京ではみんなアドリブを使うんです。京都は台本を一字一句変えてはいけないという撮影所でしたから、その発想すら湧いてこない。しばらくは戸惑いましたね」

大映は71年に倒産してしまい、平泉はフリーの身に。以降はテレビドラマに活躍の場を移した。特に70年代の出演数は凄まじく、脇役や悪役でのゲスト出演を中心に時代劇・現代劇を問わずに出まくり、ほぼ毎週、なんらかの作品で姿を見かけることになる。

勝新太郎には、近づくな。

「会社が潰れたら潰れたで、新しい展開を考えていけばいいと思っていました。ですから、すぐに『フリーでやっていこう』と切り替えられました。

その時期は、もう映画のことは忘れよう、テレビを本気でやってみようと思っていました。主役クラスではないから、脇でいいと。それならどんな役でも徹底的にやってみようと思ったんですよね。そうやって経験を積んで、なんとか腕を磨いて、それで子供の学費を払おう。そういう発想が一番強かった。

自分は高校しか出てなかったけど、子供にはせめて大学くらいは出してやりたくてね。カッコいい役をやりたいなんて、そんなわがままを言っていられる状況ではなかったんです。『いい芝居がやりたい』『いい役がやりたい』なんてことは親としては我がままなんです。まずはミルク代を稼ごう、オムツ代を稼ごう、と。お金さえくれれば、どんな役でもよかった。

『自分の夢のために家族が路頭に迷っても』って、そういう方向へ突っ走れるタイプでもなかったですから。俳優というのを『自分が選んだ仕事』と考えた時に、その仕事で家族を養えなくてどうするんだというのがありましたね。夢は親としての責任を果たした後で考えればいいんです」


70年代のテレビドラマで平泉が演じてきた役からはいつも、ギラギラとした熱気のよ

平泉 成

うなものが放たれていた。中でも悪役を演じた時は、いつも主人公に対して挑発的な芝居をするのが印象的で、視聴者の神経を逆撫でし続ける。それでいて、その芝居は作品世界を壊すような悪目立ちをすることは決してなく、脇として巧みに主人公を引き立たせていた。そこには、平泉なりの緻密な計算が隠されている。

「誰が主役で、どういう目的があってこのドラマは作られているのか。それを踏まえた上で、じゃあ自分の与えられた立場の役をどう演じればいいのかを考えるようにしています。ドラマというのは主役がカッコよければいいのであって、僕がカッコつけてもしょうがないですから。

たとえば、こっちが主人公にコーヒーをかけてブン殴られるシーンが台本に書かれていたとする。でも、視聴者の十人に一人は『コーヒー一杯くらいで殴るなよ』と思うかもしれない。それなら三杯かけたらどうだろう。三杯かけてテーブルを蹴っ飛ばす、あるいは相手のコーヒーに唾を吐きかけたらどうだろう。そうすると誰でも『コイツは殴ってい い』と思うでしょう。そうすると、主人公がより殴りやすい状況になる。そういう、台本に書かれてないことを考えて臨んでいますね。

でも、それで脇役が目立ってはいけない。たとえば、主人公と対で話している時、二人ともがカメラと正対していたら、どちらが主人公か分からなくなる。ならば、ここは俺が下がる場面だなと考えます。台本に書かれてなくとも自分が半歩下がれば、主役にカメラのフォーカスがピシッと当たるわけですから、

脇役の役割は、自分がそこで中途半端にカッコつけることじゃなくて、主役に見せ場を渡していくことだと思います。主役の場合はその人自身の生理が大切だけど、脇役は作品全体のことを考えるのが大事なんです」

テレビドラマで脇役・悪役を演じる一方で、71年には寺山修司が監督する実験的映画『書を捨てよ町へ出よう』にも出演している。

「大映で製作本部長をやっていた藤井浩明さんと寺山さんが仲が良くて、僕も藤井さんに可愛がっていただいていたもので、それで『寺山さんが映画を撮ることになるから、おまえ出ろ』と言われて。

寺山さんは面白い人でした。撮り方も画期的で。カメラは鋤田正義さんという、デビッド・ボウイを撮らせてもらえるのは当時の日本では彼だけという名スチールマンが担当された。鋤田さんが初めて映画のカメラを回すということで仙元誠三さんというプロがフォローに付きました。プロの俳優も素人の新聞記者も同じようにまぜこぜになって作っていったのですが、正直言って何を撮っているか分からないくらいカルチャーショックがあ

りました。

大映だと、まず形があってそこにビシッとはめ込んでいくような映画作りでした。ところが寺山さんは、最後のタイトルにしても役者からスタッフからマネージャーから、携わった人のどアップが映し出されるというね。そういうアイディアは当時の映画会社では考えられないことでしたから、印象に残っています」

「受け」の芝居

平泉成は近年、サスペンスドラマでの刑事役や時代劇の同心役などを多く演じている。こうした役の場合、犯人の独白をひたすら聞いたり、事件の概要を周囲に説明したり……といった、役者としてあまり感情表現しにくい芝居もせざるをえない。それでも平泉が演じると、セリフや仕草の裏側から人情味ある感情が伝わってくる。

「台本を受け取って、最初は『どうしたらいいんだ、分からない』と思うこともありますよ。でも、なんとかしなきゃいけませんからね。それで分かるまで時間の限り練習をします。百回でも二百回でもセリフを喋ってね。それだけやってると、何か見つかるんですよ。脇役にとっては、そういうのが大事なことでね。セリフを一回で覚えた、はいＯＫというわけにはいかないんですよね。

歩く時でも、そうです。主役と喋りながら歩く時、脇役は主役の歩幅に合わせながら付いていく。そうやって相手のリズムに合わせながら、その芝居をどうやってぶつけていこうかということを必ず考えるわけです。

たとえば、十の力をもった俳優さんがいて、その人が主役をやる。そこに素敵と思うような役をシナリオライターが書いて四十足されて五十になる。そこに音楽が入り、演出が入り、その役は百になります。だけど、脇役はそれじゃいけない。同じ十の力があったとしても、カッコつけたらダメで。仕上がったのを観終わったら忘れられている、脇役はそれで成功なんです。みんなが主役と思ってカッコつけていたら、観客の目が分散してしまいますから。

料理でも、メインディッシュだけがあっても味気ないものでね。大根や人参が付け合わせにあって、それで一つの料理なんです。だから、トップじゃなければやり甲斐がないということは、全くないですよ」


近年は現代劇やCMなどでサラリーマンや職人、技師といった一般的な役柄を演じることも多い。こうした役の時は、「役者がその役を演じている」という雰囲気はなく、日常の生活空間からそのまま抜け出してきたかのような、視聴者に身近な感じの存在になっている。

「大映にいた頃、『スターになりたきゃベンツに乗れ。役者になりたきゃ電車かバスに乗れ』と先輩に言われました。スターになりたければ金が無くともベンツに乗って、周囲から憧れられろ。役者になりたいのなら、電車やバスで一緒に乗っている人をよく観察しておけ、と。それで僕も、ちゃんとした演技論を学んでいない代わりに、生活や自分自身の経験から自分なりの芝居を探っていきました。

同年代の俳優には劇団や映像から来た方も多かった。凄いな、みんな立派だなと思いつ

平泉 成

スターになりたきゃベンツに乗れ。役者になりたきゃ電車に乗れ。

つ、みんな何か違うとも思っていました。でも、それが何かが言えないんだ。たぶん、そういう流れに対してアンチ精神があったんだと思います。立派な理論を口で言いながら、言ってることとやってることが違うじゃないか、と。

影響を受けた俳優は、志村喬さん、小栗一也さんですね。それから少しタイプは違うけど、東野英治郎さん、左右田《そうだ》一平さん。あの居ずまい、たたずまい。さりげなくて普通っぽいんです。そういう人たちの芝居を見ながら自分の方向性を探ったり、自分の演技が今どのくらいのところに来ているかを確認したりしました。ですから、台本を一番最初に突き合わせる時は、『普通だったらどうだろう』ということをまず考えるようにしていいます。普通に芝居ができないか、と。

最も尊敬するのは大滝秀治さんですね。田宮二郎さんが主演されたドラマ『高原へいらっしゃい』（76年・TBS）や倉本聰さんが脚本を書かれた『うちのホンカン』（75〜81年・TBS）で共演させていただいたのですが、『凄いなあ』と思って、とにかくずっと大滝さんの芝居を見ていました。

倉本聰さんがどこかでおっしゃっていましたが、大滝さんはご自分がお百姓さんの役を演じていた時に、たまたま道で出会ったお百姓さんを見て『あんたの着ているジャンパーが欲しい』と言ったそうです。衣装一つでも、そこまで自分の役を大切にしていたんです。まるで新人のように、いつも原点に戻って演じられていたように思います。

平泉 成

この間の高倉健さんの『あなたへ』では漁師の役をやられていましたが、上り框《かまち》で履物を脱ぐところで、大滝さんの足元から脛《すね》くらいまでが映る場面があります。その時、大滝さんが足に日焼け用のドーランを塗っていたように見えたんです。

そういうところは手抜きをしちゃうことはよくあるんですが、当然のことながら、大滝さんは、映るか映らないか分からないところまで準備して現場に来ていたということです。

それを見ていると『自分はどこまで誠実に仕事をしているのか』と考えさせられるものがありました。自分を恥ずかしく感じると同時に、まだ手は届かないですけど、そういう先輩が残してくれた役者の心を少しでも繋いでいきたいと思いました」

今もテレビドラマの最前線に立ち続けるため、若手俳優との共演も数多い。

「今の若い人たちも上手いですよ。大滝さんの上手さとは違うけど、上手い。戦争を経験してきた人たちは食うものも食えなくて、そういう人生経験を踏まえて役者になったのだから、それを背負って味が出てくる。今の人は戦争はしていないし、生まれた時からテレビがあって、携帯電話を使いこなしている。そういう役を演じさせたら、今の人の方が上手いと思うんです。たしかに、昔の方が人と人との触れ合いもあったし、貧しかったから、心のひだを演じるのは昔の人の方が上手い。でも、男と女が一生に一度しか出会わなくて、お見合いしたら結婚する時代ではなくて、今はいくらでも付き合いができるので、そういう時の会話なんかは今の人の方がはるかに上手い。時代によって、『上手い』の価値観も変わるものだと思います。

今の二十歳の俳優が昔のベテランみたいな芝居をしても、味はあるかもしれないけど、凄く気持ち悪いですよ。だから、今の子には今のスタイルがいいと思うんです。でも、年寄りだって負けるわけにはいきませんからね。なんとか70年生きた年輪を見せたいと思うけど、難しい。時代に置いていかれないように勉強し、日頃から若い人と接していないとね」

（2012年10月24日取材）

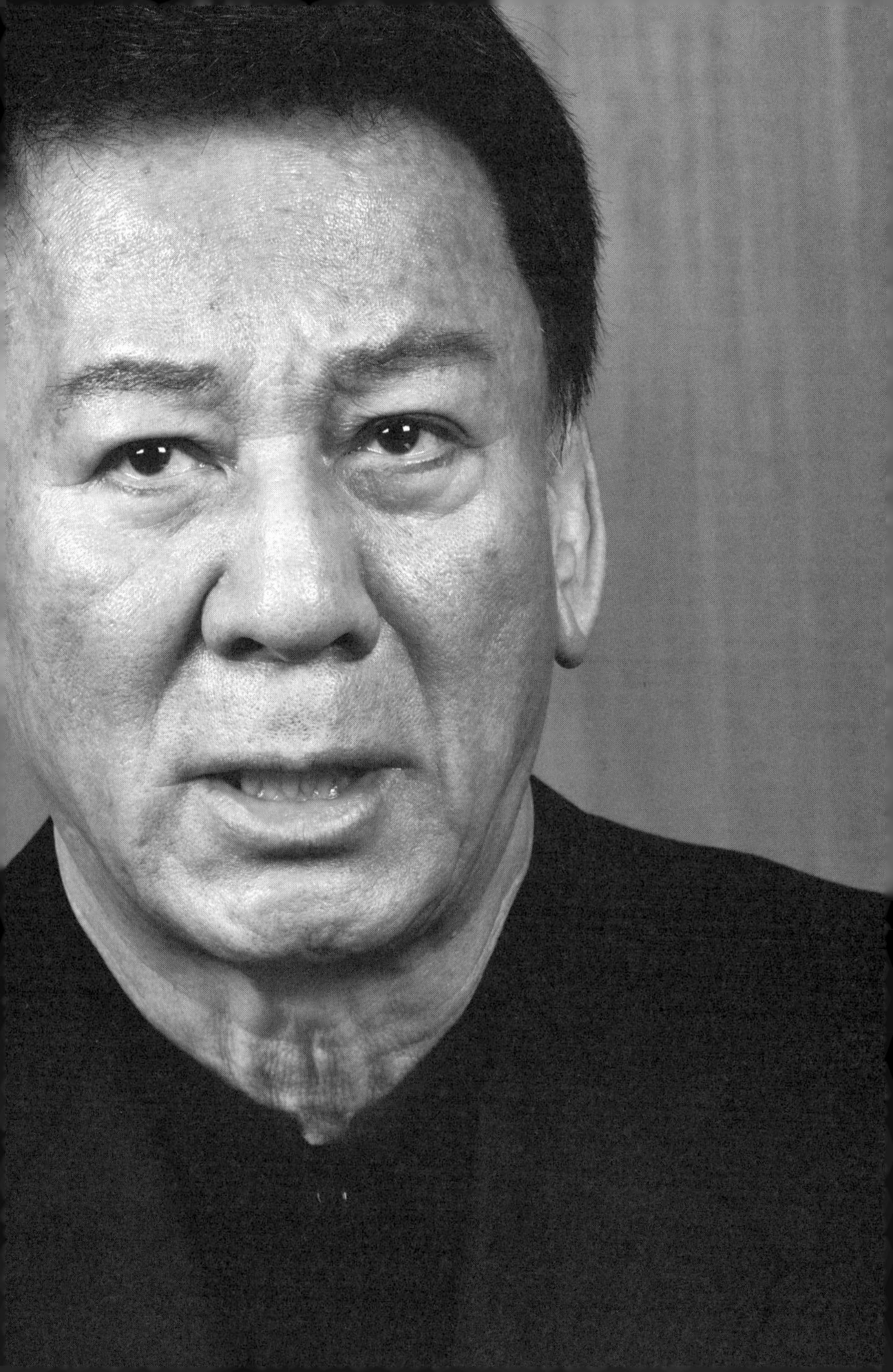

杉　良太郎

１９４４年８月14日生まれ。兵庫県出身。65年、歌手としてデビュー。67年、ＮＨＫ時代劇『文五捕物絵図』の主演で脚光を浴びる。以降、『水戸黄門』『大江戸捜査網』『右門捕物帖』『遠山の金さん』など数々のテレビ時代劇に主演するほか、舞台でも活躍。明治座や新歌舞伎座に連続して出演。社会貢献活動も積極的に行っており、法務省特別矯正監、外務省日本ベトナム特別大使、厚労省肝炎対策国民運動特別参与などを務める。08年に緑綬褒章、09年に紫綬褒章受章。

役者デビューと『文五』

杉 良太郎

杉良太郎は元々、役者になる気はなく、そのキャリアを歌手として始めている。

「父親の趣味が芝居や浪曲で、趣味が高じて神戸で掛け小屋を立て、そこで様々な一座が芝居をやっていました。出演していた役者たちは私の家の風呂に入ります。顔や身体に塗った白塗りのお化粧で洗い場が汚くなるので『役者は汚い』という印象がありました。それからお客様に媚を売る様も苦手でしたので、幼い頃から『役者はやだなぁ』と思っていたのです。

子供の頃は船乗りになりたいと思っていましたが、同時に小さい時から歌が好きだったということもあり、最終的に歌手になろうと決心して、数々のコンクールに挑戦。やっとのことでチャンスに巡り合い東京に出ることができました。その後、歌手デビューできたもののなかなか仕事は来ません。

ちょうどそのころテレビ東京開局記念番組『燃えよ剣』という番組が始まることになり、出演依頼をいただきました。役者になるのが嫌で何度も断りましたが『ほかに仕事もないのにしょうがないじゃないか』と説得され、引き受けることになります。それから時代劇の話が次から次へと来て、思わぬ方向に行くことになりました」

杉の名を一躍世間に轟かせたのは、67年のNHK時代劇『文五捕物絵図』だった。『ゼロの焦点』『張込み』をはじめとする現代劇も含めた松本清張原作を杉山義法・倉本聰といった気鋭の脚本家たちが時代劇化し、和田勉らNHKを代表する演出陣が映像に切り取っていった本作の主演に抜擢された杉は、当時まだ役者デビューして二年目であった。

「サンケイスポーツの記者に知り合いがいて、たまたまサンケイスポーツ社の前を通りかかったので、その記者に会い『一ページ載せてもらえませんか』と頼みました。その記者は快く引き受けてくださり、のちに私の恩人となります。その記事をNHKのプロデューサーが見て、『オーディションに来てくれ』ということになったからです。

オーディション会場に行ってみるとそこには私一人。和田勉さんを含む四、五人のスタッフが私の顔をジッと見ています。私が『何で呼ばれたんでしょう』と聞くと『時代劇の新番組で大工の役をやる役者を探している』とのこと。私は『大工は似合いません、主役はどなたでしょうか?』と聞きました。NHK側からの答えはありません。

少し間があって『主役はまだ決まっていない』との答えに私はすぐさま『それなら主役をやらせてください』と言いました。NHK側はしばらく相談したのち『では主役は君でいこう』と言ってくださいました。

若い作家、無名の主役、エネルギー一杯の和田勉さんの演出。何もかもが初めての時代劇だったと思います。私も必死で、自分が休みの時でもNHKに行って他の方の芝居を見ていました。この作品でディレクターとは何か、役者とは何かという作品作りの最高レベルを覚えることができたと思います」

時代劇スターからの休養

その後、杉は69年スタート『水戸黄門』（TBS）の助さん役、70年スタート『大江戸捜査網』（東京12チャンネル、現テレビ東京）の主役・十文字小弥太と、相次いで出演したテレビ時代劇をいずれも人気番組としたことで、スターとしての地位を確立する。

「『水戸黄門』に関していうと、最初はナショナルの逸見稔プロデューサーから『黄門をやるから、助さんと格さんどちらでもいいから出てほしい』と声をかけられました。でも、断ったんです。『黄門さんの後ろに付いて歩いて、短い刀差して頬かむりして、格好悪い』と思ったからです。しかし『あなたに断られたらこの番組は成立しない』と逸見さん、電通、その他の周りの方々に説得され、しぶしぶ出演することにしました。

最初、黄門さん役は森繁久彌さんでした。ところが、直前になって東宝所属の役者を東映制作の作品に出すのは難しいということになり、制作側から『杉さん、他に誰かいませんか?』と聞かれ、『文五でおとっつぁん役をしていただいた東野英治郎さんがいい』と答えました。こうして東野さんの黄門様が誕生したのです」

その後も『新五捕物帳』(77〜82年・日本テレビ)『遠山の金さん』(75〜79年・テレビ朝日)と数々の作品の主役を務めて「杉さま」ブームを巻き起こすも、人気絶頂の83年に突然テレビ時代劇からの休養を宣言している。

「長くやっているとストーリーが焼き直しばかりになってしまいます。そして時代劇は斜陽になっていきます。刑事ものが当たると刑事ものばかり。時代劇が当たると各局で三本くらいやるなど、みんな同じような内容のものをやります。私はこれに抵抗してきました。なぜそんなに安易に作品作りをするのか、と。

『水戸黄門』も『大江戸捜査網』も私としてはもう十分にやりました。ただ、テレビ局としては当たっているから続けたい。それだけのことです。長くやっていたら私は伸びなかったと思います。役者として一番大事な時期にその役だけの役者になってしまいます。私は様々なことを経験したかったのです。次にやりたいものがある。それで自らやめたのです。テレビ局から降ろされたものは一本もありません。私の精神として何かにすがって生きていこうとは思わないのです。

夜八時台の時間帯の時代劇を十数年に亘って二本掛け持ちしていましたが、同時に降りました。しかし、その決断を下すのは簡単なことではありませんでした。一年間、苦しみ、悩み、死ぬほど考えて出した結論なのです」

やりたいから、やめる。

杉 良太郎

「杉良太郎」流の確立

74年にはNET（現テレビ朝日）で放送された『右門捕物帖』に主演している。映画では嵐寛寿郎が飄々としたキャラクター「むっつり右門」として当たり役にしていた。が、杉はこのイメージを一変させ、孤独な影のある、苛烈な男として演じた。また殺陣も合気道や柔術を使った、素手で投げたり殴ったりする斬新なものであった。

「今まで様々な方に表現されていた『むっつり右門』というのが面白くなく思えました。あまり喋らないのは視聴者に分かりにくいのではないかと思い、私はハードボイルドのタッチでやることにしました。

立ち回りも刀を使うだけでなく、合気道を取り入れました。私は二十一歳くらいから合気道を始めていて、『右門』の時には三段でした。ですから、立ち回りの相手も合気道か空手の三段以上に来ていただきました。私の友人がいる合気道養神館から指導員クラスの方々、有段者ばかり。一度、木の上から空手三段の者が手刀で打ちかかってくるのを左手で止めた時、骨がミシっと言ったのを覚えています。

若い時は力一杯でした。それが画に映ってリアルか、迫力があるかということは疑問です。でも、若い時は若い時にしかやれないものをやらなきゃダメだと思います。『あの時やっておけばよかった』というのではなく、その歳に合ったものを力一杯やって、悔いを残さないようにしないと、と考えていました」

『右門』や『新五捕物帳』など、杉主演の時代劇の多くはただの勧善懲悪ではない、どこか救いのなさの漂う、哀しい作品が多い。こうした作風は、杉自身が脚本や演出にアイディアを出しながら練り上げられたものだった。

「立ち回りもしっかり習っていない。演技も習っていない。先生もいない。歌手出身で芝居の基礎もなく、名優の息子でもない、どこで湧いたか分からないボウフラ役者。そんな私がこの世界で生きていこうとすると、『身分が違う』とイジメのようなものに遭う時代でした。そこに抵抗して、激しく力一杯やってきました。そしてある日、自分流を作ろうと思ったんです。『杉演劇』を商業演劇の中に確立させようと。

杉演劇とは様式美とリアリズムの混合です。セリフの中にも、音楽・照明にも様式美とリアリズムを混合させ、杉良太郎にしかできない独自の演劇法を確立していきました。

脚本家には新聞ネタから、今実際に起きている社会問題を取り入れながら書いてもらいました。こんな理不尽なことがあっていいのかと、視聴者に問題提起する。私の性格に、

杉　良太郎

反体制というのがあるのではないかと思います。その頃、私の周りには、優秀な脚本家がたくさんいて、テーマを言うだけで斬新な話を書いてくれたものです。

流し目をする中年キラーで男の敵などとよく言われましたが、私は媚びを売る気はありません。ただ、時間を割いて来てくださるお客様に応えるのは当たり前です。もっと喜んでいただくためにはどうすべきか、四六時中考えていました。

立ち回りのカット割りも夜中まで自分で考えていました。でも、立ち回りをただ延々と続けてもダメです。立ち回りが多いとドラマになりません。大事なことはいかに斬新で、これまでに使っていない手を考えるかということ。さらに、ストーリーのテーマに沿っている手かということ。A、B、Cパターンぐらいまで考えます。

役者は口出すなという意見もありましたが、視聴率を背負っているのは主役です。視聴率が下がった時、『お前はもう人気がないから』と降ろされるのは監督でも脚本家でもなく、主役なのです。ですので、作品を良くするための責任があると思っていました。

私は常にただのプロではなく、プロ中のプロでなければいけないと思っています。お金をいただいた瞬間からその人はプロです。しかしプロの中のプロ、一握りに入っていくのは物凄く過酷で。そのためには人に何と言われようと、役者として非常識な考えを持たなければダメです。常識通りの芝居をしても道を切り開くことはできません。それにドラマは常識通りにはいかないですから。常識通りの教科書は頭にない。もっと非常識でありたいと願っています」

狂気への執着

テレビ時代劇でのヒーロー役のイメージが強い杉良太郎だが、ＮＨＫ大河ドラマ『武田信玄』（88年）での北条氏康役や『徳川慶喜』（98年）での井伊直弼役などでは印象的な死に様を見せてきた。また、主演舞台でも悲劇的な結末を迎えることは少なくない。

死には、美学がある。

杉　良太郎

「今度の役はどうやって死んでいくか、をずっと考えていました。いわゆる死の美学の追求です。人間は誕生する時に意思はないが、死は自分の手によっていくらかは操作できるものです。

私は狂気の世界に入りたかった。たとえば大阪の新歌舞伎座で徳川家康の息子の信康の芝居をやった時、切腹する場面で緞帳《どんちょう》が下りるのですが、千秋楽では本当に腹を切りたいと思い、死に様をお客様の目に焼き付けてもらうためにはどうしたらよいか、と一週間くらい考え、悩みました。

それで小道具さんに豚の臓物を買ってきてもらいました。それをラップで巻いて血もたっぷり入れてもらい、お腹に巻いて、その上からさらしを巻き、白装束を着て舞台に立ちます。切腹の場面。本物の短刀を腹に突き刺します。すると血が噴き出す。客席は一瞬凍りつきます。私がそのまま刀を真一文字に動かすとお腹から豚の血と腸が一気に飛び出します。客席からは悲鳴。血の海が広がる舞台の上に倒れ込む私。そこへ緞帳が下ります。会場は大パニックになりました。杉なら本当にやるだろうと皆さんが思ったのです」

自分なりの時代劇を追い求めてきた杉だけに、軽薄短小に向かいがちな近年の若手俳優の芝居を嘆かわしく感じている。

「『時代劇をやってきました』という人がいます。ほとんどの方は時代劇をやったのではなく、『鬘と着物をつけてお芝居をしました』と言うべきです。時代劇は、その時代を生きた文化や習慣をどこまで自分のものにできるかということが大切です。現在の文化や習慣との違いを理解し、身につけなければなりません。それが自然と画面から『時代劇のにおい』として視聴者に伝わることで、時代劇の面白さを感じていただけるのではないかと思います。立ち回りで言えば申し合いをするのではなく、本当に斬るか斬られるかの切迫した世界に入れるかどうか。体の中から出てくる殺気とか、追いつめられた悲壮感とかがはっきりと画面に出てこなければ、ただのチャンバラごっこになってしまいます。

時代劇を安易に作り過ぎた。『銭形平次』『遠山の金さん』『水戸黄門』の焼き直しばかり。今、時代劇が衰退しているのはここに原因があるのではないでしょうか」

杉 良太郎

座頭《ざがしら》であること

杉良太郎は長年にわたり商業演劇の第一線で座長公演をしてきた。が、実際に果たした役割は、ただの「主役としての座長」ではなく、その時の一座全体を統括して運営する「座頭」であった。座頭は主役を張るだけでなく、演出・脚本も自ら行う上に、共演者の健康や金銭問題までも管理する、まさに「頭」である。

「私はずっと座頭をやってきました。立ち回りも自分で考え、興行の責任も自分でとって。芝居の幕が開いてからでも、出演者の中に問題を抱えたものがいればすぐに楽屋に呼んで処理しないといけない。それには芝居に関することだけではなく、健康に関することなども含まれます。

舞台において大事なことは私の芝居を観ていただいた後のお客様の感想。たとえば『今回の芝居はよかった』、これだと『失敗だった』と思っていました。大抵のお客様には『よかった』って言っていただけます。決して『悪かった』とは言いません。それに役者が乗せられて、その気になったらダメなんです。『役者殺すのに刃物は要らん。拍手の一つもすればいい』というように『よかった』の言葉に騙されてはいけません。お客様に『今回の芝居は感動した』と言っていただいて初めて、出演者に『お客様に喜んでいただいたよ』と伝えています。

私は常に『自分の行く道　茨の道。自分の前に道があるのではなく、茨で棘が刺さり傷を負っても、自分が行くところに道ができるんだ』と考えていました。楽屋を出る前に自分の部屋にいるものたちに『今日が俺の命日だ』と言って、舞台に上がっていました。毎日、すべてが真剣勝負。実際に二、三回は死んでしまうのではないかと思いました」

観客への全ての責任を背負って座を引っ張ってきた杉は、2005年に体力の限界を理由に座長公演からの勇退を宣言している。「生涯現役」と言われる役者の世界だけに、引き際を自ら定める生き方は際立った。

「お客様に心配をかけながら舞台に立ちたくないんです。『あの人、歩くのは大丈夫かな』とか、『セリフつかえて言えてない』とか『声が聞こえない』とか言われるようになったら、自ら引退すべきです。それは不良品なのですから。昔の名前だけでは限界があります。お客様に心配かけているということを、自分で自覚しなければなりません。

もう一つ、私が考えている芝居をやれなくなった原因は岡田英次さん、青木義朗さん、内田良平さん、南原宏治さん、石井均さんなど長くご出演いただいた方々、一緒にやってきた仲間がみんな亡くなったこと。今、この人たちが生きていてくれたら私もまだやれたのではないかと思います。役者は一人ではできません。

元々は役者が好きでこの世界に入ったわけではない。むしろ子供の頃から役者は嫌いでした。『それじゃあ、なぜ今までやっているんだ』と言われますが、それは責任感からです。一度引き受けたこと、約束したことを全力投球でやってきた。そして、自らが進むところに道を作ってきたのです」

（2014年3月6日取材）

杉　良太郎

蟹江敬三

１９４４年10月28日生まれ。東京都出身。高校卒業後、劇団青俳を経て「現代人劇場」へ移籍。その後、演出家の蜷川幸雄や石橋蓮司らと「櫻社」を立ち上げる。70年代の小劇場ブームの幕開けに存在感を放つ。一方、日活ロマンポルノにも数多く出演。その印象的な演技は今も語り継がれている。その後もテレビドラマ『Ｇメン'75』、『影の軍団Ⅲ』、『スケバン刑事Ⅱ』、『鬼平犯科帳』など代表作多数。日本を代表する個性派の名優である。晩年は『ガイアの夜明け』などでナレーション巧者としても活躍した。14年３月30日没。享年69。

蜷川幸雄との出会い

蟹江敬三

蟹江敬三は高校を卒業後、岡田英次や木村功の率いる劇団青俳に入団した。

「工業高校に通っていて、最初は技術者になろうと思っていました。でも、理数系の科目が苦手で二年で辞めて、改めて普通高校に入ったんです。それで、工業高校の時代に初めて舞台で人前で芝居をするという経験をしまして、こんなに面白いものがあったんだというくらいに目が開いたんです。

それまでは自分を表現するのが苦手で、引っ込んでいるタイプだったのですが、舞台の上でなんだか知らないけど解放されましてね。その芝居が、また受けたんです。それでもうハマってしまいまして、役者になるのもいいかもしれないと思ったんです。

俳優になるならまず俳優座養成所に入るというパターンが当時はあったのですが、僕は受けたら落ちてしまいまして。もう駄目かなと思っている時に、劇団青俳が募集しているという広告を目にしまして。岡田英次さんや木村功さんのいる劇団で、この人たちなら知っているし、そういう人たちがいるならいいだろうということで受けたら入れたんです」

青俳は68年、岡田と木村の方向性の違いにより岡田たちが脱退して分裂、「現代人劇場」を新たに立ち上げ、蟹江もそこに移る。後に役者から演出家に転身する蜷川幸雄もまた、青俳から現代人劇場へと移っていた。

「研究生から準劇団員まで行った時に劇団が分裂したんです。岡田英次さんと木村功さんの芝居への考え方が違っていきまして。それで、どっちに付くかということで、僕ら若い方は岡田さんの方がいいと思って、岡田蜷川ラインで新しい劇団を作ることになりました。木村さんの方がテクニックがあって、岡田さんの方が不器用なんですが、岡田さんは心から演技をしている気がしたんです。若いなりに、そういう判断がありました。

僕が青俳の試験を受けた時、『あいつはダメだ』という意見が多数だったのを『面白いから入れよう』と言ってくれたのが蜷川さんだったようです。当時のあの人は俳優でしたが、『演出をやりたい』ということで稽古場発表をしていました。劇団を飛び出したのも、本格的に演出をやりたいというのがあったんだと思います。蜷川さんはその時から、僕のことを主役で使ってくれて。現代人劇場でも、最初の頃は僕が主役の青年を演じることが多かったですね。

当時の若いアングラ劇団は俳優座・文学座・民藝といった新劇に対するアンチを唱えていた。まさに全共闘の学生運動が盛り上がっている時代で、芝居もそういうのにマッチしたものをやっていました。観客もそういう学生が多くて、みんな意識を共有していたと思います」

その後、蟹江は72年に蜷川らと劇団・櫻社を結成、新宿を本拠地として当時の若者たちから人気を博するようになる。蜷川幸雄といえば、役者を怒鳴り散らしながら追いこんでいく容赦ない演出スタイルで知られているが、そうした姿勢は若い頃から変わりはなかったようだ。

「蜷川さんには才気あふれる演出家としての輝きがありました。彼の演出は、本（台本）ができると、次にセットプランをもう作っちゃうんです。そして、いきなり立ち稽古に入る。本読みはしないんです。

それで、稽古になると『バカヤロウ！』ってダメを出されるから、それを言われないように、みんなで必死になって自主稽古をやって頑張りましたよ。石橋蓮司も一緒にやっていました。

蜷川さんが怒るのは、芝居に工夫がない時です。昨日と同じことをすると怒るものですから、日々工夫しましたね。そうやりながら、演技の基礎を蜷川さんから学んだように思います。心の底から魂の叫びみたいなセリフが出ないと納得しませんでした。あとはテンポです。テンポがゆったりしているのも、ダメでした。セリフのテンポも速くて、ちょっとでもゆっくり話そうものなら、指を回し始めるんです。ですから、芝居全体のテンポも速いんですよ。

結局、劇団は解散になりました。直接のキッカケは、蜷川さんが東宝で『ロミオとジュリエット』を演出したことです。それで、商業演劇をやることに反発するメンバーが出てきまして、話し合いをもって解散となりました。僕は別にやってもいいと思っていましたが。

元々、僕は集団に対する執着はないんですよ。ですから、劇団が解散した時も『よし、もういいや。俺は一人でやっていく』という感じでした。不安はありましたが、子供も生まれましたし、『何でもやるぞ』と」

勝新太郎と三國連太郎

60年代終わりから70年代初頭にかけ、蟹江は映画やテレビドラマなどでは数多くの脇役・悪役をこなしていた。当時の映画スター・勝新太郎はそんな蟹江を高く評価しており、自らの作品に何度も起用している。勝の初監督作『顔役』(71年)も、そんな一本だった。

蟹江敬三

セリフは、魂の叫びだ。

「『顔役』が勝さんとの最初でした。素敵な人だと思いました。

僕は殺し屋の役で、床屋でヤクザを殺すシーンがあったのですが。椅子に横たわっている人がいて、『その陰から顔を出してニッコリ笑え』と勝さんは言うんです。笑いながら殺すというのが新鮮でしたね。印象的だったのは、『録音部を困らせる喋り方をしろ』ということです。いい声で明瞭にセリフを言うんじゃなくて、ボソボソっとね。録音部が『こんなセリフ、どうやって録るんだ』と言いたくなる喋り方をしろ、と。

台本はなくてアドリブばかりでした。撮影をする日になって『このシーンはこうなっているけど、お前、なに喋る?』と聞いてくる。それで少しだけ打ち合わせをしたら、もう本番です。こちらは一瞬のうちに『こういうセリフを喋ったらどうかな』と考えるわけですから、瞬発力を鍛える訓練になりました」

72年、勝主演の時代劇映画『座頭市御用旅』では三國連太郎扮する悪党の子分役で出演している。

「三國さんは凄い人でしたね。撮影初日、セットに入ってくる時に足を引きずっているんです。みんなビックリして『どうしたんですか』と聞いたら、『この役は小児麻痺でやろうかと思っている』と。セットに入った時から役になっている。それから、『時代劇に銀歯はありえない』ということで、口の中に白い化粧を塗ってもいました。そこまでやるのか、とビックリしました。そういう、役に取り組む姿勢、心構えは勉強になりました。

時代劇の所作は現場で覚えていきました。とりたてて勉強したという記憶はないですね。人の芝居を見たりしながら、こうやってやるのかというのが多かったと思います。たとえば、着流しで歩いている時、裾を垂らしたままだと歩きにくいじゃないですか。でも、その裾をまくると歩きやすくなる。そういうのを少しずつ覚えていきました。初めの頃は何をやっても様にならなかったんじゃないですかね」

蟹江敬三

悪役とロマンポルノ

70年代、蟹江敬三は数多くの刑事ドラマや時代劇で悪役を演じてきた。しかも、そのほとんどは『Gメン'75』（75～82年・TBS）の殺人鬼・望月源治のような、容赦ない凶悪犯である。当時の彼の目には狂気ともいえる冷たさが宿っており、お茶の間の視聴者を震撼させていた。

「当時は悪役ばかり来るわけですから、工夫しなきゃと思っていました。『その役を面白くする』っていうことを面白がるといいますか。その役の魂っていうか心根に入っていくわけです。そうすると、いい衝動が出てきたりするんですよ。

役者にとって、悪は魅力的ですよ。普段の自分にはできない非日常なことをしているわけですから。もしかしたら、悪っていうのは自分にありえたかもしれない人生だと考えると、役に入りやすい。どんな人でも、そういう悪の芽をいっぱい持っているんじゃないでしょうか。

それから、あまり怖そうに演じない方が怖いと思います。『俺は怖いんだぞ』ではなくて『私は普通ですよ』という人の方が怖いっていう気がします。実際に人を殺した人を見てみると、一見すると普通の人が多いですよね。ところが、どこか目がイッている。そういうところに恐怖を感じるんだと思うんです。

ただ、それを長いことやっていると『もっと他に役があるんじゃないか』という感じになっていくんですよね。そんな時に80年前後になって『熱中時代2』（80〜81年・日本テレビ）の峰竜太とのコンビの警官や『野々村病院物語』（81年・TBS）の病院の事務長の話がきて、役の幅を広げることができました。『悪役ばかりで嫌だ』と思っている時に『こいつに違う役をやらせてみよう』と思ってくれる人がいてくれたのは、ありがたいですね。

でも、特別に意識して演技のスタイルを変えるということはなかったですよ。『役になる』ということは変わらないわけですから」

この時期、蟹江は「にっかつロマンポルノ」にも主役級の役柄で出演している。そして、『犯す！』（76年）では「強姦魔」、『赤線玉の井　ぬけられます』（74年）ではヒモ、『天使のはらわた〜赤い教室』（79年）ではエロ本編集者と幅広い役柄を演じ、強烈な印象を残している。

「テレビや映画をずっとやって、メインの役ってほとんどないわけですよ。ロマンポルノは割といい役が来ました。役者って、そういう役をやらないとつまらないんですよね。『犯す！』の長谷部安春監督はシャープな方でした。強姦魔を一人の孤独な男として捉えていた。リスなんかを飼ったりして、必ずしも否定的ではなくてね。演技は基本的には監督の指示です。あの時は、犯している時でも割と表情を出さないように言われましたね。やっぱり、映画は監督が作ってくれるというのが大きいです。

僕がやるのは、そのシチュエーションの中に入って、衝動をどう表現するか、ということです。なんとなく男の中にそういう願望って、あったりするじゃないですか。そこらへんを膨らましていきました。

蟹江敬三

「表情」より「衝動」を出す。

『赤線〜』の神代辰巳《くましろ》監督は勝さんと同じで意表を突く演出をしました。ベッドシーンがあって、台本には『乱暴に服を脱がす』としか書かれていない。それで、どうやって脱がそうか考えていたら、神代監督は『足を伸ばして、足の指でボタンを外せ』と言うんです。こんなこと考えるんだ、とショックと同時に勉強になりました。

『赤い教室』はいい映画でしたね。曽根中生監督は、『何を考えているか分からないようにやってくれ』というわけです。だから、あまり衝動を表現しないようにしていました。あまり表情を出さないようにしていたので、難しかったですね」

85年のテレビシリーズ『スケバン刑事Ⅱ〜少女鉄仮面伝説』(フジテレビ)では、普段は三枚目の教師だが陰で南野陽子扮するヒロインを助ける凄腕エージェント・西脇を演じた。

「あの二面性が面白かったですね。一方で間の抜けた先生で、一方ではキリッとしているという。それで両極端にやろうと思いました。最初は『子供番組じゃねえか』と思っていましたが、やっていくうちに面白くなりましたね。

相手がアイドルでも、普通に相手役として考えるだけです。アイドルになる人って、みんなそれぞれにいいものを持っているわけですから。ですから、『演技が上手くないな』

とかは思わないですね。ちゃんと相手役として対等に意識しています。若い頃、威圧感のある怖い先輩が多かった。僕はそれが嫌だったので、フレンドリーに話しかけるようにしています。アドバイスはしません。役者それぞれに特性があるから、やりたいようにやればいいと思います」

『鬼平犯科帳』

89年、蟹江はテレビ時代劇『鬼平犯科帳』（フジテレビ）にレギュラー出演する。本作では鬼平（中村吉右衛門）の下で働く元盗賊の密偵・小房の粂八を演じ、蟹江の代表的な役柄となった。

「最初に登場した『血頭の丹兵衛』は面白い話でしたね。そういうのがずっと続くかと思っていたのですが、後は尾行と報告がほとんどになっていました。

粂八は今でいうサーカスの綱渡りみたいなことをやっていて、非常に身軽な男でした。そこは一番意識しました。身軽に見えなきゃいけない、と。最初の頃はまだ若いからそういう表現もできましたが、最近は身重になっちゃいましたからね。半年くらいで終わると思っていましたから、こんなに続くとは思いませんでした。

それから、悪事を働いていた頃の匂いみたいなものはチラッと出した方がいいなということは今でも常に意識しています。だからといって、『この役はこういうことはやらない』とは思いません。実生活でもないですね、そういうのは。むしろ、『この人はこんなことまでやるのか』と考えた方が役として面白い。

吉右衛門さんは凄い人です。特に歌舞伎をしている時は凄いと思います。歌舞伎座を壊す時に、その模様が映画になったのですが、いろんな歌舞伎役者のインタビューや舞台が流れる中、吉右衛門さんの舞台だけ、他の人と違っていました。魂の入り方といいますか。歌舞伎って形をなぞっているだけというイメージがあったのですが『こんなに魂を入れてやっているんだ』って。それで、今までは現場で会話することはほとんどなかったのですが、『素晴らしかった。魂の入れ方が他の人と違う』と思わず言ってしまいました。

条八は僕にはやりやすい役です。人の上に立って動かしていく役より、下にいて支える役が向いているんです」

蟹江が初登場となった「血頭の丹兵衛」のラストシーンでは、大ベテラン・島田正吾と共演している。蜷川幸雄の前衛演劇で育った蟹江に対して、島田は新国劇の重鎮。その芝居のアプローチは大きく異なるため、蟹江はいくつも発見があったのだという。

蟹江敬三

「島田さんと初めてお会いした時、隣でメイクをなさっていたんですが、凄いんですよね。鬘のしつけというんですか、毛の一本一本の垂れ具合をご自分でアレンジされるんです。そこまで丁寧になさる方でした。

それでロケ現場に行って、実際に芝居が始まったら、間が長いんですよね。セリフとセリフの間が物凄く長い。これはあの方の昔からの独特の芝居のされ方なのですが、こちらは蜷川演出で『とにかくテンポを速く』っていう体質になっていますから、なかなか間がもたなくて。

それから、島田さんは新国劇で座長をされてきた方ですから、座長芝居になるんです。『私がここでキセルをこう出しますから、あなたは煙草をこう出してください』と全て周りの芝居も指定してくる。それでプカーっとやってキセルを出しても、なかなかセリフが出ない。多分、あの人の頭では『ゴーン』と後から入る効果音の鐘の音が鳴っているのかもしれません。そういうたっぷりとした間は初めての経験でしたから、ビックリしました。

こんなに間を持って芝居をしていいんだなと思いましたけど、それは誰がやってもできるものじゃないですよ。

怖いですよ、間を持つのは。つい短くなっちゃう。監督にも時々『ここはもっと間を持ってください』と言われたりしますが、どうしても……。それは習性ですかね」

「受け」の芝居とナレーション

蟹江敬三は名脇役として数々のテレビドラマを支えてきた。中でも、刑事ドラマや時代劇などで相手の独白を聞く「受けの芝居」をする際の情感あふれる表情は絶品で、そこに蟹江がいるだけで感動的な名シーンになってしまう。こうした場合、演じ過ぎると鬱陶しく映るし、演じないと下手に映る。そのバランスが難しいのだが、蟹江の場合はそこが絶妙だ。

「僕が刑事役で犯人の独白を聞いている場合、その刑事の犯人への感情をきちんと理解していれば、自然な対応としての表情が生まれていくと思います。ですから、まずは相手のセリフをよく聞くということですよ。そこは、基本中の基本です。自分の反応なり、衝動なりは、相手の言葉を聞かないことには出てきませんから。

演じる上で一番大事にしているのは、衝動です。人間が生きるってことは、心の衝動の連続だと思います。衝動のない演技はありえない。そのためには、役に魂を入れ『役になる』しかないんじゃないですかね。

『役作り』という言葉は、どうもピンと来ないんです。役は『作る』ものではなく『なる』ものだと思います。最近は『なりきった』と思う瞬間はあまりないですが、舞台をやっている頃はそういう瞬間を感じたことはありました。そういう瞬間が、俳優を続けている魔力みたいなものなのでしょう」

近年の蟹江は、テレビ東京のドキュメント番組『ガイアの夜明け』など、ナレーションの仕事も多い。ベテランならではの優しさと、若い頃と変わらない張りの合わさったその声は多くの視聴者を魅了している。

「ナレーションは淡々としすぎてもダメですから、ある程度は登場人物に感情移入しますね。『ああ、頑張っているな、この人たち』と。感情移入しやすいのはオジサンたちです。町工場のオジサンだったり、中小企業のオジサンだったり、オジサンが頑張っている姿はいいですね。

ナレーションは勉強と訓練になります。何時間もかけて声を出すわけですから。歳をとってくると口が回らなくなる場合も多くなります。『ガイア〜』でも、久しぶりの収録だと口の回りが悪くなってNGが多くなるんですよ。ですから、新聞を音読することにしています。大きな口を開けながら声を出して新聞を読んでいると良い訓練になって、セリフがよく喋れるんです。

蟹江敬三

それから歯に気をつけています。入れ歯になるとセリフをちゃんと喋れなくなりますから。三回の食事の後に三回磨いています。あとは、うがいですね。食べたり飲んだりする前は必ずうがいをしないとダメなんですよ。水を一杯飲む時でも、うがいを欠かしません。ここに来る時も途中のトイレに入ってうがいをしていました。撮影現場でロケ弁を食べる時も、みんな何もしないで食べてるんですよね。僕は必ず食べる前にうがい、食べた後に歯磨きをしています。

台本をもらってまず考えるのは、外側のことですね。どんな衣装を着るのか、髪型はどうか、髭はあったほうがいいのか。あとはもう、あまり考えない状態でその現場にスポッと入るようにしています。現場で相手の呼吸を作っていくわけですから。

島田正吾さんみたいに自分の芝居を作りあげて、相手にもこうしてくれっていうのは、なかなかできません。現場で柔軟性をもって相手役と芝居を作っていくしかありません。

僕のモットーは『ひたむき』だけです。この歳になっても、とにかくひたむきにやるしかないと思っています」

（２０１３年12月２日取材）

綿引勝彦

1945年11月23日生まれ。東京都出身。日本大学芸術学部中退後、劇団民藝に入団。85年の民藝退団後は自ら劇団綿帽子を設立。『極道の妻たち』シリーズなど東映作品では数多くの悪役を演じている。89年からのテレビシリーズ『鬼平犯科帳』では、鬼平の密偵「大滝の五郎蔵」を演じ当たり役となる。91年スタートの昼のホームドラマ『天まで届け』では、大家族をまとめる父親役を演じ、それまでの強面イメージを一変させた。近年では「ポケットモンスター」のCMに代表されるようにコミカルな一面も見せている。

綿引勝彦

新劇との出会いと仲代達矢

綿引勝彦は小中高と野球に勤しんできたが、高校時代に腰を痛めて挫折する。そんな折、クラスメートに誘われて観た俳優座の舞台『令嬢ジュリー』に感銘を受け、演劇の世界に目覚める。その時の主演は仲代達矢と栗原小巻だった。

「断腸の思いで野球を諦めてブラブラしていた時に、クラスの女生徒に誘われて行きました。世の中にこんな世界があるのかと衝撃を受けましたよ。キラキラしていて。それが頭に残っていて、演劇部を少しかじったんですよね。

ですから、仲代さんにはずっと憧れていたので、映画『鬼龍院花子の生涯』で共演した時は感動しましたよ。仲代さんを狙う刺客の役で立ち回りもあったんですが、僕は殺陣が苦手で。ただ遮二無二やった記憶があります。とにかく力任せにやるしかできなかったから、相手を傷つけることもありました。仲代さんに対しても、そうです。がむしゃらに行きましたから、危なかったと思いますよ。その必死さが画面に出ていたんじゃないでしょうか。

こちらは敵役なので『あなたが好きで役者になった』なんて一言も言いませんでした。

もう『負けるもんか』という想いで演じていましたね。その後のテレビドラマで共演させていただいて、『あなたの芝居を見て演劇を目指し、「鬼龍院花子の生涯」でお会いした時は、もう胸が張り裂けんばかりの感動を覚えました』と伝えることができました。その時は、『俺もここまでやっとたどり着いたか』という想いがありました」

二十歳の時に俳優座・文学座と並ぶ新劇の老舗・劇団民藝の研究生に合格したのを経て劇団員となり、役者人生が始まる。

「僕なんかがこんな所に入っていいのか、と思うぐらいに厳しい試験でした。まず受からないと思っていたら、受かったんですよ。それからは芝居漬けです。民藝はしょっちゅう稽古場で稽古をしていたから、それを見学させてくれたりもしました。

そうして劇団員になったんですが、劇団にいさせていただいてるというだけの話でね。最初は役者じゃなくて裏方として公演の旅に付いていきました。民藝は演出家と数名の演出助手を除くと、荷降ろしから舞台作り、撤収まで全て役者がやるんですよ。こちらも当時は喰えなくて、銀座のクラブで弾き語りのバイトをしていたくらいでしたから、旅に出ると食事も寝る所もあるし、先輩からお酒はもらえるし、楽しかったですよ。そうやっているうちに、芝居というものを吸収していきました。

弾き語りのバイトは三、四年やっていました。ただ、そんなに上手くギターは弾けないから、お客さんの希望を聞くのは断っていました。自分で勝手に三十分やって、何軒も店を回って、家に帰るのは夜中の一時頃。友だちにミュージシャンがいて、そいつに歌とギターを教わったんです。二か月くらい稽古したのかな。スタンダードジャズから、歌謡曲から、なんでも歌いました。
役者だけで喰えるようになったのは、四十の手前になってからでしたから。役者を辞めようと思ったことは何度もあります。蕎麦屋をやろうとか、大学に戻ろうとか。そういうことを考えた時期もありました」

綿引勝彦

ここまでやっとたどり着いたか。

悪役を演じる

その後は民藝の舞台で活躍する一方、70年代から80年代半ばにかけては、テレビの刑事ドラマや時代劇などで強烈な悪役を数多く演じている。

「蟹江（敬三）さんだって、（小林）稔侍さんだって、僕だって、誰だって初めは悪い役ばかりやるんですよ。そういう世界でいろんな芝居を覚えて、正統な芝居に行くんです。覚えているのは日本テレビの『さすらいの旅路』（77年）というドラマですね。佐久間良子さんに喰らいつくヒモの役で、アメリカまで追いかけていく悪。チョイ役で共演させていただいた時に佐久間さんが『あの子は面白い』というのでプロデューサーに紹介してくれたんですよ。これが大ヒットして、ポツンポツンと仕事が来るようになりました。

悪を演じるには、悪と思わないで演じることだね。その道に行くしかなかった人間だと思って演じる。そうしないと面白くない。

僕としては別に『悪』を演じているつもりは全くなかった。『悪』を前に押し出して演じるんじゃなくて、そんなのは後の方に飛んでいて『こういう人間をいかに料理して演じるか』ということです。善悪なんて、意味のないことなんですよ。

綿引勝彦

それから、善悪問わず、主役と対等に立っていなきゃいけないということを意識していました。自分も立ち役として成り立っていないと、主役に失礼だから。役者にとって、『引く』なんてことは、まずないですよ。みんなそうだと思う。『この人に負けない』『こんな奴に負けてたまるか』そんな想いでやっています。

当時、尊敬していたのは成田三樹夫さんです。京都でご一緒すると昼飯に行ったり、将棋をさしたり。タモリさんの『今夜は最高！』（日本テレビ）という番組に二人でゲストで出た時は、昼間のリハーサルが終わったら成田さんが酒を飲んできてね。テンションが高い高い。もうタモリさんもタジタジになってね。酒臭くて豪快でね。

最近『仁義なき戦い』を観ているんだけど、成田さんは絶品ですよ。粘土質の芝居なんです。カラッと乾いてなくて、ヌルッとしている。三船敏郎さんや萬屋錦之介さんはスパーンとした芝居をするし、俺も少し乾きすぎというくらい怒鳴ってしまうんだけど、成田さんは怒鳴る時でもムニャムニャとさせて、すぐに弾けさせない。芝居をずっと転がしている感じがあるんです。金子信雄さんも、若山富三郎さんも、そんな芝居をするね。

でも、成田さんはそういう芝居ばかりじゃないんですよ。晩年は蜷川幸雄さんのシェイクスピアの舞台にも立っていましたから」

『鬼平』への出演

綿引の代表作といえば、テレビシリーズ『鬼平犯科帳』（89年〜、フジテレビ）だろう。今もスペシャル版として続く人気時代劇で綿引は、かつては大盗賊の首領だったが鬼平（中村吉右衛門）に諭されて密偵として活躍することになる《大滝の五郎蔵》を演じている。

「大親友に原田雄一という監督がいたんだけど、彼がプロデューサーに推薦してくれたんです。嬉しかったですよ。まだ四十代前半なのに大盗賊のお頭の役ですから。『僕みたいな若者が演じていいんだろうか』なんて思いながら、嬉しくて台本を毎日のように眺めていました。

その後でレギュラーになることは知らなかった。密偵になることすら、台本を読んで初めて知ったくらいです。池波先生には申し訳ないのですが、それまで原作を読んだことがなかった。

僕の演劇の根底にあるヒューマニズムが一杯に含まれた作品でした。池波正太郎という作家の構成力が全てだと思います。世のため人のため、静かに事を収めて旅立たせてやる

という ね。そこが、僕という役者の根底にあるものにピッタリとマッチして、やっていて嬉しかったですね。人間ドラマっていうのはそういうヒューマニズムが根底にないと成り立たないんですよ。池波さんの文学の原点は、物語を旅立たせて終わらせるところにあると思います。人間を再生させているんです。だから、読者も勇気づけられるのではないでしょうか。そのところは大事に演じようと思っています」

五郎蔵という男は喜怒哀楽を決して表に出すことはない。それでいて、その裏側にはいつも、どこか切なげな感情が見え隠れする。そこには、綿引の役者としての強いこだわり

ヌルっと、うまい。

綿引勝彦

があった。

『鬼平』では蟹江敬三さんも梶芽衣子さんも俺も、芝居はどこか控え目ですよね。報告者の役なので、その務めとして感情を出さないで事柄だけを伝えることを大事にしています。もちろん感情は入りますよ。入るんだけど、むき出しにはしないようにしています。そこに面白味があるんです。

演劇の世界には『感情は後払い』という言葉があります。下手な役者がやると興奮した芝居ばかりやってしまいますよね。そうじゃなくて、感情というのはいつも後ろになくてはいけないんですよ。誰だって、怒りたくても実際には怒らずに我慢するでしょう。いろんな言葉を選びながら、感情を抑える。それは演劇も同じなんですよ。喋るっていう行為には必ず裏に感情があって、今言っている言葉が必ずしも正しいとは限らない。それが演劇の基本なんです。

役者の我をあんまり出さないで、その役が生きるようにすることしか考えていません。僕が生きるんじゃなくて、その役がその画の中で踊っていればいい。顔が映らなくてもいいんです。僕の演じる音――セリフの音が躍るように、視聴者の耳に心地よくなだれ込むように喋る。それが大事なんですよ。無機質ではなく、それでいてうるさくなく、静かに視聴者の耳に入っていく。それだけですよ。

芝居って、本質的にはセリフだと思います。中でも中村吉右衛門さんは群を抜いています。体の中に一回セリフの入った言い方をしているというのかな。口だけじゃなくて、セリフが体全体をグルッと回って、それでフワッと出てくる。だから、まろやかで上手い言い方になる。ただ感情を演じるんじゃない、ということですね。
それから、吉右衛門さんは人間的にブレない。普段と役との温度差が変わることなく、いつもキチンとなさっていて、役者然としている。僕みたいな雑草とは違うんですよ」

綿引勝彦

感情は、後払い。

『鬼平』を撮影する京都映画（現・松竹撮影所）とは、「必殺」シリーズの悪役で出演していた時からの付き合いだ。

「録音の中路（豊隆）とかは、僕が最初にあそこに行った時からの技師だからね。石原興監督もまだカメラマンの頃からの付き合い。照明も、みんなそう。あそこには僕の歴史がありますよ。もちろん、お互い現役だから感傷に浸ることはないけどね。会う度に懐かしい感じがする」

四十代で演じ始めた役を六十代になった今も続ける。そこには当然、裏側での努力もある。

「老いとの戦いですよ。こんなに老いが忍び寄ってくるとは思いもしなかった。ですから、きちんとした体力作りをしなきゃダメですね。よく歩いたり筋トレしたり、ちゃんと準備しておかないと。特に俺は太りやすい体質なので、減量の毎日です」

ホームドラマ『天までとどけ』

団地に暮らす大家族を描いた昼の連続ドラマ『天までとどけ』（ＴＢＳ）は91年にス

タートして足かけ九年続いた人気シリーズとなった。本作で綿引はアットホームな父親役を演じている。それまで強面の役が多かった綿引にとって、大きな転機となった作品だ。

綿引勝彦

「ある年末に新橋演舞場で田村正和さん主演の『乾いて候』という舞台をやっていたんですよ。その楽屋に東阪企画のプロデューサーがいらして『十二人の子だくさんの家庭の父親をやってほしい。お母さんは岡江久美子さんで行こうと思う』と言うんですよ。驚きましたね。『僕でよければいくらでもやりますよ』とは言いましたが、僕と岡江さんじゃ『美女と野獣』ですから。

ああいうお父さんの役って、それまではおよそ視野の中にはなかった役でした。ですから、企画が正式に通るまでの間はじっと『これを愛情豊かに目一杯演じてやろう』と思っていました。年明けに『企画が通った』と聞いた時は嬉しかったですね。

上手くいったのは、岡江さんの魅力が大きかったと思います。どこか男っぽい性格で、偉そうにすることの一切ない方です。共演者にも不快な感じを絶対に与えない。そういう人柄で、子供たちを上手くコントロールしていました。あの人には随分と助けてもらいました」

シリーズ開始時点での夫婦には、上は高校生から下は赤ん坊までの十二人の子供がいる設定だった。そのため、多くの子役たちと共演することになる。

「最初は大変でしたよ。小さな子供たちばかりだったから、本番で僕たちがセリフを言っている間も勝手に喋り出したりしてね。最初は『喋っちゃいけない』って言ってたけど、これも一つの家族の雰囲気だと思って。それで『喋りたいなら気にするな。ほどほどならオッケー』と言うようになっていきました。

『撮影が始まる前に家族の輪を作ろう』というプロデューサーの発案で、南伊豆の下賀茂に三泊の合宿に行ったんです。台本の読み合わせもしましたが、ほとんどはみんなで泳いだりして遊んで。それで非常にいい雰囲気が作れました。

黙って見ていると、段々と子供の縦関係ができていくんですよ。大きいお兄ちゃんやお姉ちゃんが、僕たちが何も言わなくていいくらいに注意するようになっていきました。しかも役名で呼び合うんです。『五郎、そんなことをしたらダメだぞ』って。このプロデューサー、いいことするなあ、と思いましたね。

僕がこういう役をやったことには周囲は驚いていました。僕自身としても、これで『今までの俺と違う世界ができる』と思えて、本当に嬉しかった。

毎年八月に撮影していましたが、十年近くもやっていると子供たちの成長が如実に分かります。立ち振る舞いが大人になって、最後の方は子供たちで芝居を作っていました。ですから、毎年夏に子供たちに会うのが楽しみでした。

周囲はみんな驚いていました。変わったというより、これも一つの良い出会いという言い方が正しいかな。僕自身も、お話をいただけてありがたかった。これで僕も違う世界ができるかなと思って。とにかく一生懸命にやりました」


90年代にはテレビゲーム「ポケットモンスター」のCMやバラエティ番組の出演などで柔和な雰囲気を多く見せるようになっている。

綿引勝彦

「あれは、いろんな意味で僕を変えてくれたね。『ピカチュウのおじちゃん』なんて、当時はよく声をかけられたくらいだから。上手いキャスティングをしたと思いますよ。僕としても、『変なおじさん』もできるというイメージが欲しかった頃だからね。だから、僕を選んでいただけたことが嬉しかった。大変な動きもあったけど、監督さんがいろんなサジェスチョンをくれたからできた。CMの世界は、監督が全部頭の中でイメージを作っているからね。

でも『仕事ならなんでもかんでもやる』という人もいると思うけど、僕はそうじゃない。これ、やめようよ……ということは結構あります。金のため、という意識はないですね。金は後ろから付いてくる。金欲しさでやると、ロクなことがないんです。いちばん失敗しちゃうのは、台本がない状況で受けてしまうこと。やはり台本を読んでＯＫを出さないと。ただ、素敵な本に出会えるのは年に一回あるかないかです。一回あれば、その年は良しとするか、みたいなことです。

役者稼業というのは運もあれば不運もある。ただ、若い頃は良質な人や作品に出会うことを心がけて演じることが大切だと思います。歌手の人がいつの間にか芝居が上手くなることがありますよね。あれも作品や監督や共演者と触れているからです。彼らは音感がいいから、良質な出会いを通して耳から覚えていくんですよ」

（２０１４年１月10日取材）

伊吹吾郎

1946年1月2日生まれ。北海道出身。国士舘大学中退後、66年に東宝ニューフェイス（第7期生）入りした後、68年にフリーとしてデビュー。69年、さいとう・たかをを原作・内田叶夢監督のテレビ時代劇『無用ノ介』で主役に抜擢。70年代は『仁義なき戦い』（73年）『北陸代理戦争』（77年）など東映実録路線の映画に数多く出演。その後、83年から00年の17年間、『水戸黄門』シリーズで渥美格之進役を務め、国民的人気を博す。フラメンコギターはプロ級の腕前として知られている。

伊吹吾郎

東宝での役者デビュー

伊吹吾郎は1966年、第七期東宝ニューフェイスに一万三千人の応募を勝ち抜いて合格、その後は東宝俳優養成所へ入所する。

「受験生は一万三千人いて、そこから男性四人と女性六人が受かりました。そこから養成所で六か月の養成機関に入ったんだよね。日本舞踊、洋舞、それとお芝居の稽古ね。でも、三か月で飽きてしまって。毎月二十五日に交通費が出るというので、毎月二十日から五日間だけ行って交通費をもらったら二十六日から行かないんですよ。

それを続けているうちに、事務所から連絡が来まして。『もうすぐ試演会が始まるのに、お前の役は付かんぞ』と。東宝の重役相手に六か月の成果を見せる芝居を芸術座でやることになっていたんです。僕は劣等生のレッテルを貼られたから、もう諦めましてね。

配役を決める日になったんですが、今度の演出家は今までレッスンしてきた人たちではなくて外部の方だったんです。だから、僕を含めて生徒の素行を知らない。で、『今回は「流浪の民を」という芝居をやるんだけれども、この中でギターを弾ける奴はいないか』という話になりまして。僕は高校時代にギターを習っていて、大学に行ってからはフラメンコギターもしていました。それで『僕、弾けます』ということで翌日持ってきて演奏したら、主役に決まったんです。周りは大ブーイングでした。それでも、これも一つの踏み台だと思って、白い目を向けられながら頑張りました」

養成所を出ると、劇作家・菊田一夫の主宰する東宝現代劇団に所属した。

「六か月の養成を終えると、志望を聞かれるんです。撮影所で映画に出るか、テレビに出るか、菊田先生の舞台に行くか。で、役者を目指すならまずは舞台をやろうということで、現代劇団に入りました。

ただ、行ったら仕出しばかりで役は付かないんです。昭和四十二年の三月に入って、翌年の五月の『皇女和宮』という舞台で初めて役がついたのですが、食えなくて。それで芝居を辞めて映画・テレビに移ろうと思ったんです。人を介して事務所を紹介してもらいました」

初めての映像作品はテレビドラマ『特別機動捜査隊』(61〜77年・NET、現テレビ朝日)のゲスト脇役だった。

「前の晩に飲んでいた『カガワ』という親友が殺されて、聞きこみにきた刑事からそのことを聞いて驚く……というのが、最初の撮影でした。で、初めての映像の世界だったので、どの程度動いたらいいかの加減が分からなかった。しかもアップの画だったから少しでもズレると顔が入りきらないんです。それで古株のカメラマンに怒られました」

『無用ノ介』

移籍した伊吹は、さいとう・たかをの同名人気劇画を原作にした69年のテレビ時代劇『無用ノ介』（日本テレビ）で主演に抜擢されている。『血槍富士』『飢餓海峡』などで知られる巨匠・内田吐夢監督が初めて手がけるテレビ作品だ。本作で伊吹は、片目の賞金稼ぎ・無用ノ介を演じた。

伊吹吾郎

「和泉雅子さん主演の『丸太と包丁』（日本テレビ）というテレビドラマの恋人役のオーディションがありまして、最終審査まで行って落ちたんです。それで故郷の北海道に帰ろうかな、と思っていたんですよね。そんな時に来たのが『無用ノ介』のオーディションの話でした。

当時、僕は時代劇をやったことがなくて、刀も持ったことすらなかったのですが、事務所に『行け』と言われて、軽い気持ちでオーディションを受けました。

書類審査で三十名が残って会議室に通されたら、プロデューサーが『これから、さいとう・たかを先生が来る。注意事項を言うから、よく聞きなさい。さいとう先生の前で漫画と言ってはダメだぞ。劇画という言葉を使え』と言うんです。でも、僕は原作自体を見たことがなくてね。そういうのが頭にあったから、注意事項もあまり重く聞いてなかったんです。それで、原作者は結局来なくてオーディションが始まりまして。一人一人に『無用ノ介』について聞いてくるんですが、こちらは見たことがないから答えようがない。『すみません。漫画を読まないで来ました』と言ったら、プロデューサーに『バカもの！』と怒鳴られまして。これは落ちたな、と思いました。

そしたら、事務所にまた明日来てくれという連絡がありまして。運動神経を見るから、それなりの格好をしてこいということでした。僕は運動靴にトレパンという格好で行ったら、他のみんなは着流しなんですよ。

でも、会場にはマットが敷いてあって一人ずつ走ってひっくり返るというお題だったので、トレパンで当たりでした。なんでひっくり返る姿を見ようとしたのかというと、無用ノ介は野良犬剣法なんですよ。回転レシーブのようにひっくり返って、立ち上がったところで相手を斬るという。それを試したかったんだと思います。

その後、三十名から四名に絞られ、扮装テストをすることに。その中には地井武男と村井国夫もいました。結局、扮装をした写真を日本テレビの女性従業員たちに見せて、僕に決まったようです。

実は、既にもう一人の役者が主演に選ばれていたのですが、彼は時代劇に何度も出ている人で、内田先生はそれが気に入らなかったらしい。汚れていない、天から降ってきたようなのを主役に使いたい、と。それで彼と僕の多数決になったのですが、十対八で僕が負けたんです。ところが、八人の中に内田先生がいらして、『劇画と映像は世界が違う。餅は餅屋に任せろ』とおっしゃり、僕になりました」

配役の決定が十一月末で、年明けの一月十五日にはクランクインが迫る。そうした中で、時代劇未経験の伊吹は殺陣師たちと新宿御苑で稽古に励んだ。

「内田先生はオープニングのワンカットの撮影だけに一日かけていました。テレビ映画でそこまでやる人はいませんよ。先生の演出は孫をあやすような感じでした。たとえば殺陣のシーンで『このチャンバラで無用ノ介は斬る気があるのかな?』と聞いてこられたので『いや、斬らないで、あしらうだけです』と答えたら『ああそうか。じゃあ、もっと力を抜こうか』とかね。

無用ノ介は片目なので、立ち回りは大変でした。横打ちはいいのですが、縦打ちの時の距離感が分からないんです。飛んだり跳ねたりも激しかった。相手と取っ組んで崖から河原に落ちて流されるというシーンがあったのですが、その時に刀の鞘が頭にぶつかる危険性があるので、ゴム製にしたこともあります。そうしたら、子供から投書があって。『無用ノ介が悪い奴と川に落ちた時、無用ノ介の鞘が曲がったと思ったら元に戻りました。驚きました』って。

打ち上げの席では内田先生にこんなことを言われました。『伊吹君、誰でも主役を一本終わると「俳優」になったと思う。でも、それは違う。君は今、《は・い・ゆ・う》の《は》の字を卒業しただけで、まだ《俳優》じゃない』と。釘を刺されましたね。

ゲストには山形勲さん、大友柳太朗さん、伊丹十三さんと錚々たる方々が出ておられましたが、中でも左幸子さんには勉強させていただきました。左さんは短刀を相手に向ける場面で、刃を上に向けるか下に向けるかでカメラマンと熱心に打ち合わせをされているんです。僕は『別にどっちでもいいのに』と思ったんですが、そうじゃない。どっちの向きが不気味に見えるか。そこまでこだわっていたんです。

僕も今はいろいろとこだわっていますよ。時代劇って所作や扮装が日常と違いますからね。たとえば鬘にしても、予め用意されたものをつけるんじゃなくてね。小額《こびたい》の位置は眉毛からどのくらい離れているのが自分にとって一番バランスがいいのか、もみあげの長さもどの程度が一番合っているのか、とか。そうやって、自分にぴったりな鬘を作ってもらうようにしています」

新国劇と東映

１９６９年に日本テレビの時代劇シリーズ『無用ノ介』で主役に抜擢された伊吹吾郎は、その後、新国劇に所属している。新国劇とは『国定忠治』や長谷川伸原作の股旅モノといった時代劇を中心に上演してきた劇団で、辰巳柳太郎・島田正吾の二大ベテラン俳優が率いていた。

伊吹吾郎

「お二人の芝居は全く正反対でしたね。島田先生は普段から洋服を着てダンディなのですが、辰巳先生は長靴を履いて劇場に来る方でした。芸風も島田先生はあまり喋らないけど、辰巳先生は豪快さが魅力的でした。

新国劇では舞台のいろいろなことを教わりました。島田先生がおっしゃっていたのは『伊吹よ、どんなに悪い奴を演じることになっても、品格のある、品格の見え隠れする、そういう芝居を心がけなくちゃ駄目なんだぞ』ということでした。要は『チラッとした目線だとか、ちょっとした動きだとかにキラリと光るようなものを見せる意識を持て』と。ですから、僕は今でも悪を演じる時は単なる悪役ではなくて、必要に迫られて結果的にそうせざるをえなくなった悪をやるようにしています。
それから、稽古の時に舞台の上で僕が島田先生に近づきながら芝居をすると、『私の陣地はここまでだからな』と指で線を引くように示されるんです。『ここから先には入ってくるな』と。
要は立ち位置のバランスなんですよ。僕は舞台のあちこちを動き回りながら芝居をしてしまっていたんですが、それは見苦しいんです。だから、人の陣地に入らないのと同時に、自分の陣地を作ったら、そこから動かずに対話をすればいい、と」

新国劇の舞台に立つのと同時期に、伊吹は映画では東映と契約、京都撮影所製作のヤクザ映画・時代劇に数多く出演している。

「最初は工藤栄一監督の時代劇映画『五人の賞金稼ぎ』(69年)だったと思います。東映京都は凄くうるさいところだよ、と言われていました。それで事務所も気を遣って工藤監督にコンタクトをとって、僕と話す場を設けてくれました。監督は『そんなに心配することはない。大丈夫だ。東映はそんな所じゃないから』と言ってくれたので、行きました。そうしたら若山(富三郎)先生も凄くいい人でしたし、普通にしていれば何事もない所でしたよ。まあ、横柄な奴が来たらガツンとやられるということは後になって知りましたが。

共演が多かったのは、鶴田浩二さんです。あの人には島田先生のおっしゃっていた『品格』があった。『映画俳優』って感じがしました。芝居だけでなく、普段の身のこなしも、下品さというのがあの人の雰囲気の中から一切感じられない。特有の目線の角度とかに品を感じました。

でも、口頭で何かをおっしゃる方ではなかった。それは僕が感じることですから。学ぶっていうのは、真似ると一緒なんです。尊敬しながら真似るっていうのが学ぶってことだと思います。全てはそこから始まる」

73年の映画『仁義なき戦い』(深作欣二監督)では、床屋で渡瀬恒彦に射殺されるヤクザを演じた。

伊吹吾郎

「本番を終えると、深作監督はとりあえず『オッケー』と言うんですよ。なので、『ああ、これでよかったんだ』と思うんですが、すぐに『ああ、ちょっと待ってくれ。今の微妙に違うから、もう一回いこう』と。最初からダメ出されるわけではないので、こちらも悪い気はしない。役者の使い方が上手い監督でした。

渡瀬君に殺されるシーンは大変でしたね。僕が倒れると血しぶきが床屋の鏡に向かって飛ぶのよ。そのために、血糊を含ませてそれが飛ぶタイミングと、渡瀬君の銃口から火薬が出る音のタイミングと僕の座るイスが動くタイミングが合わないとダメなんだけど、段取りを何回もしたのに最初は合わなくてね。二回目でＯＫになりました。
当時は現役のヤクザが所作を教えに撮影所に来ていました。ですから、食堂に行くと誰が役者で誰が現役か分からないんですよ。役者もそういう雰囲気になっているから、『おう』なんて後ろから肩を叩けないくらいでね。
現役の人たちが食堂でコーヒーを飲んでいる仕草を見ながら、参考にすることは多かったですね。人と話す時は、あまり面と向かわないで斜に構えて睨むとか、机をずっとトントンと叩き続けて落ち着かないとか。そうすると、ひと癖ありそうな人間の雰囲気になるんですよ」

77年の『北陸代理戦争』では、撮影中の事故で入院した渡瀬恒彦に代わり、急きょ代役を務めた。

「ちょうど僕が休暇で娘を連れて京都に遊びに行っている時でした。事務所から連絡が来て、渡瀬君がそういう状況なのですぐに北陸へ行ってくれ、と。娘を連れて京都にいるから、と断ったのですが、今から迎えに行くって。それで知り合いに娘を預かってもらって、急きょ行ったんですよ。あれは西村晃さんがクソ寒い時に雪の中に埋められて大変だったという記憶があります」

『必殺仕事人』と『水戸黄門』

79年は『必殺仕事人』に出演、藤田まこと、三田村邦彦と共に「仕事人」チームに参加している。伊吹扮する「左門」は最初、刀で相手を斬り伏せていたが、途中から敵の体を真っ二つにへし折る殺し技に変更になった。

「最初は侍だったんですよ。それがある時プロデューサーが来て『吾郎ちゃん、侍を捨ててくれ』って。次のシリーズからかと思ったら、いきなり翌週からっていうんです。『それじゃあさすがに視聴者も戸惑うでしょう』と言ったら『いやあ、そんなの構わない』って。それで赤い糸を巻いて、相手を二つ折りにすることになりました。あれ、意外と難しいんですよ。上半身と下半身に一人ずつ、二人が入っているから、タイミングが合わなくて、よくNGになっていました。

藤田まことさんは名優ですよ。温厚で穏やかで、絶対に偉ぶらない。現場でとにかく明るかった。あの人がいての『必殺』だったと思います。

『仕事人』を撮った京都映画では、その前に『お耳役秘帳』(76年・関西テレビ)という

伊吹吾郎

僕が主演のテレビ時代劇も撮っていました。家庭的な撮影所でね。何日か後に競馬があるとすると、その日の撮影分を前倒しで撮ったりとか、今日の撮影が疲れたら、残りは明日に回そうとか。東映ではそういうことは絶対にできないからね」

1983年、人気テレビ時代劇『水戸黄門』（TBS）第十四部から主人公・水戸光圀の供侍・渥美格之進（格さん）役の三代目として出演、以来十七年に亘り、同役を演じ続けた。彼の出演時、番組は既に高視聴率を記録し続けていた。

「僕は西村晃さんと一緒に代わりました。僕は三代目・格さんで西村さんは二代目・光圀。出演発表の記者会見をする四か月くらい前から決まっていたんですが、プロデューサーから『記者会見までは絶対に誰にも言うな』と頼まれていて、僕も西村さんも口をつぐんでいました。それで助さんをやっていた里見（浩太朗）さんと会見場でお会いしたら『あ、吾郎ちゃんがやるんだ』って。そのくらい、みんな知らなかった。

で、会見が終わったら西村さんが『おい、吾郎よ。これは視聴率のいい番組だろ。俺ら二人に代わったせいで視聴率が下がったなんてなったら、何を批判されるか分からんぞ。お前はどんな格さんを考えているんだ?』と聞いてきたんです。僕が答えに困っていたら、こう言いました。『お前はお前なりの格さんで行け。俺はな、先代（東野英治郎）の笑い方を変えようと思う。先代は《カッカッカ》と笑うだろう。同じ笑い方じゃ能がないから、俺は《ホ》から《ハ》に行こうかと思うんだ。《ほっほっははっ》って』。まあ、シリーズの後半は段々と《は》ばかりでしたけどね」

格さんの見せ場といえば、なんといっても毎回の終盤、「ここにおわすお方をどなたと心得る〜」に始まる、光圀の正体を明かす口上を述べ、懐から印籠を出して周囲に見せつける場面だ。これを美しく見せるために、伊吹なりの工夫が込められていた。

伊吹吾郎

印籠には、持ち方がある。

「みんな、ただ印籠を出しているだけと思うかもしれないけど、そうじゃないんですよ。それまでの格さんの出し方を見ているとね、五本の指で持って出していた。ただ、それだと葵の御紋に指がかかりそうになるし、全体の輪郭も隠れてしまう。それで三本で持つことにしました。でも、今度は印籠の下についている、帯に挟むための紐と根付がブラブラしてしまう。だから、余った小指と薬指で紐を挟んで押さえたんです。懐に手を入れた時は、いつもすぐにその持ち方ができるようにしていました。

ところが、監督によって印籠を出すカットの撮り方が違うんですよ。立ち回りの時は帯に印籠が付いているんだけども、それが終わったらすぐに懐から出さないといけない。ある監督は、『立ち回りの後は手を懐に入れる格好だけして、次のカットで寄った時に改めて懐から出して』と。これだとスムーズにできるからいいんですよ。

が、監督によっては、立ち回りから印籠を出すところまでワンカットで撮ることがある。そういう時は、チャンバラをしている時にどうしても印籠があちこち動いてしまうんですよ。でも、黄門様の所に戻ってきた時に『あれ、印籠はどこへ行った』って探していたら、もう駄目なわけで。懐に手を入れたらすぐに印籠を出さないといけない。それでよく苦労しました」

『水戸黄門』では佐々木助三郎（助さん）を演じる里見浩太朗と毎回、息の合ったコンビネーションを展開してきた。

「里見さんは抜群ですよ。東映で時代劇をずっとやってきた人だから、所作、身のこなし、そういうのが備わっている。

あの人はざっくばらんな方だから、『浩ちゃん』『吾郎ちゃん』と呼び合う仲にすぐになってね。セットでもよく打ち合わせしましたよ。立ち位置とか座り位置とか。『こっちの方が立つか。いや、待てよ。やっぱり、そっちの方がいいんじゃないか』と話し合うんですよ。というのも、お互いに次の動きがあるから、ぶつからないようにしないといけな

伊吹吾郎

助さん格さんには、格差がある。

い。特にチャンバラはいつも二人でやっていたので、立ち位置は入念に打ち合わせをしていました。

気をつけたのは、互いのキャラクターの対比をつけることです。いちおう助さんは剣の達人、格さんは柔術の達人ということになっているんだけど、互いに刀をもってチャンバラをする時もあるんです。そういう時は、助さんと格差をつけるようにしました。格さんは刀で戦っていると、ヨロヨロってしてしまうとか。それで、刀を捨てて、どつく戦い方に戻る。それで、『やっぱり格さんはこの戦い方がいいな』と視聴者に思ってもらう。

自分の得意分野ならスーパーマンになっていいんだけど、なんでもできるスーパーマンになってはいけない。対比をつけずに同じようにやっては、面白くはならないんですよ」

立ち回りと戦国武将

『水戸黄門』に限らず、伊吹はこれまで数多くの時代劇に出演してきた。それだけに、立ち回りに関しても自分なりのこだわりを強く抱いている。

「チャンバラは斬られ役が上手いこと斬られるから、主役が強く見えるんですよ。『芯（主役）が立つ』っていうけど、立たせるためには周りが上手い人じゃないと駄目なんだ。

斬られ役がいっぱい出るからということで、最近では製作部が大学生を雇ったりすることもあるんだけど。でも、たいていは初めてやるもんだから『よーい、スタート』って声がかかったら、もう目の色が違うんだよ。こっちも『これは絶対に怖いな』と思ってしまう。そうしたら案の定、物凄い勢いで斬りかかってきて『うわっ、ちょっと待って』となる時があります。

斬られ役はいかに修行が長くないと駄目かっていうことなんです。ですから、『芯』の側の人間は斬られ役をないがしろにしては絶対にいけないね。

だからといって、本番の時だけ彼らと仲良くしようとしても無理ですよ。普段から仲良くしていないと。人間っていうのは感情の動物だから、そういうのが芝居にも出てくるんですよ。それが『ああ、吾郎ちゃんはこう来るから、俺はこう行くよ』といった『あうん』の呼吸になってくるんです」

伊吹吾郎

大河ドラマを中心に、伊吹は武将役を演じることが多いが、その時はいつも、本当に歴戦をくぐりぬけてきた猛者の雰囲気が漂っている。

「武将というのは、僕にはやりやすいんだ。あの甲冑をつけてたら、誰でも武将に見えると思う。でも、動くとバレるのよ。だから、武将を演じる時は、一つ一つの動きに意識を持たないといけない。たとえば立つ時でも手をついて『うんしょ』って立つんじゃダメなんだよ。微動だにしないまま、体ごと真直ぐに立たないと弱く見えちゃう」

09年には子供向けテレビ特撮シリーズ『侍戦隊シンケンジャー』（09年・テレビ朝日）に出演した。

「スタッフ含め、僕が一番上なんですよね。レギュラーもみんな若い奴ばかりだから。だから、こちらから彼らの中に入っていかなくちゃいけない。真面目ばかりじゃなくて、アホなことを言ったりしながら。立ち位置とか、発声のことはたまにアドバイスしましたけど、彼らも気張って一生懸命やってるからね。俺も楽しいんだ。そういう若者ばかり相手しているドラマは今までなかったから。

最近は演じていて、脇役の方が面白い。脇役が話を動かしていて、むしろ主役はそれに絡む付随のものだと思うんですよ」

（２０１３年10月31日取材）

田村　亮

1946年5月24日生まれ。京都府出身。往年の映画スター・阪東妻三郎の四男。長兄は田村高廣、三男は田村正和という役者一家に育つ。66年、稲垣浩監督の映画『暴れ豪右衛門』でデビュー。69年、成城大学卒業。同年、俳優小劇場養成所入所。70年、主演作品『無常』でスイス・ロカルノ映画祭グランプリ受賞。72年、『40カラット』で初舞台。時代劇、現代劇問わず数多くの映画・テレビドラマ・舞台に出演している。他の出演作に映画『利休』（89年）、『蝉しぐれ』（05年）、テレビドラマ『どてらい男』（73～77年）など。

父・阪東妻三郎

田村　亮

田村亮は、往年の映画スター・阪東妻三郎（阪妻）を父に、高廣・正和を兄に持つ、役者一家のサラブレッドだ。

阪妻は１９２５年、二十四歳の若さで阪妻プロダクションを設立。スターとしては初めて、自ら映画製作に乗り出している。その時に作った撮影所が、今は太秦映画村としても知られる東映京都撮影所になった。役者としてはもちろん、映画人として阪妻は先駆的な存在だった。


「親父は僕が七歳の時に亡くなりました。物心ついたのが四、五歳くらいですから、三年ぐらいしか記憶にないんですよ。

役者としての親父で印象的だったのは、事務所に行ったときのことです。事務所は母屋から少し離れたところにあったのですが、そこに遊びにいったら、壁に巻紙が貼り付けてあるんです。それは何かと後で聞いたら、親父は歩き回りながらセリフを覚えていた、と。その頃は、あまりセリフが入らなくなっていたんですね。僕らの前でそんなことをやっている姿を見せたことはありませんでした。

親父のことを大スターだと初めて知ったのは、メンコ遊びをした時ですね。近所の子供たちが親父の名前が書いてあるメンコを欲しがりましてね。それで、親父って有名なんだと知りました。それから母に連れられて親父が主演している映画を観に行ったんです。『大江戸五人男』で、親父は幡随院《ばんずいいん》長兵衛。最後に風呂で殺される場面で『あ、お父ちゃんが死ぬ！』ってビックリしましたね。

親父が死んで間もなく、東京に引っ越しました。生前、親父が成城に土地を買っていたんです。『これからの映画界は京都ではなく東京がメインになっていくだろう』と考えていたそうです。プロダクションを作ったスターも親父が初めてでしたが、そういう先見の明があったんですね。

もちろん、芸について親父から直接教わったことはありません。ただ、当時の写真を見ていても参考になることは多い。

親父って、殺陣をしていても足を開かないんですよ。斬るとき、みんなはバサッと足の裾を拡げるけど、親父は閉じる。そっちのほうが綺麗に見えるんです。そのために、親父は畳の縁をつたって歩く練習をしていました。あの上を何度も急ぎ足で歩くんです。

着物の着方でも、今はみんなキチンとしているけど、親父はダラッとしていた。それで僕も、着付けにしても袴でもあえてゆったりと着てみたりします。足元も、ここは足袋をはかない方が色っぽいのかなと思って、素足に草履をひっかけたり。

田村　亮

役に忠実な芝居さえやっていれば、あとは汚いより美しい方がいいですから。特に舞台は、いつも全身をお客さんに見せているじゃない。だから、立ち姿が凄く大事なんです。

阪妻は『無法松の一生』(43年)『破れ太鼓』(49年)といった現代劇の傑作にも主演した。が、「剣戟王」と呼ばれただけあり、その魅力は、『雄呂血《おろち》』(25年)での壮絶な立ち回りをはじめ、時代劇での動きの見事さ、立ち姿の美しさに尽きるだろう。

「親父は立ち回りをする時は、凄くちっちゃくなるんです。『大きいのがちっちゃいのを斬るのは当たり前だ。だから自分をちっちゃく見せて、大きな敵を斬りたいんだ』って。スピードのある殺陣をやったのは、親父が最初だった。

そんな親父に憧れていたのが、片岡千恵蔵さんだった。

千恵蔵さんが出られた時は『正和ちゃん、この撮影所は正和ちゃんのお父さんが作ったんだよ。それで、僕は阪妻さんに追いつけ追い越せと思ってやってきた。お父さんが亡くなった時は、頭が真っ白になって、誰を目標にしていいか分からなくなった』とおっしゃっていたようです」

幼い日に別れながらも、スクリーンの中に生き続ける父の姿を見つめながら、役者として芝居の工夫を重ねていった田村亮。それだけに、「見て真似る」ことを若い俳優たちにも勧めている。

「盗む、ということを僕は勧めています。特に歌舞伎を見なさい、とよく言いますね。歌舞伎ってリアリティはないけど、今の俳優よりリアルに見える。そこが大事なんですよ。リアルにやることが芸なんじゃなくて、リアルに見せることが芸なの。メリハリつけてちょっとオーバーにするからお客さんも楽しんでくれるんですよ。本人のままやっても味も素っ気もなくなると思う。せっかく『役者』という肩書があるんだから。

僕は三十くらいから日舞を習いまして、それで三味線やお琴もやりました。日舞は、日本の役者だったらやっておいた方がいいと思います」

映画デビュー

阪妻の長男・田村高廣は54年に父の跡を継ぐ形で映画デビュー、三男の正和も60年に芸能界入りした。そして四男の亮は66年に俳優としての第一歩を踏み出す。それが三船敏郎主演の時代劇映画『暴れ豪右衛門』。監督は父の代表作『無法松の一生』を撮った稲垣浩だった。

「父、阪妻」の立ち姿に学んだ。

田村 亮

「僕は役者になる気はなかったんです。世界を飛び回る仕事がしたくて、経済学部で一生懸命に英語の勉強をしていました。

それまでも僕の所にはいくつかの映画会社から話は来ていました。それを全て母が断っていたんです。『これ以上、息子を世間に曝け出すのはやめてください』って拝み倒しながら。ただ、今度は東宝の記念作品で、稲垣先生が『妻さんとこの一番下、まだ映画に出ていないから引っ張り出せ』と直々の御指名ですからね。無下《むげ》には断れませんでした。

それで、大学の間だけやるということで出たんです。兄弟で僕だけが芸名なのはそのためでして。本名の幸照で有名になってしまったら、就職しても『田村幸照がウチの会社に来たぞ』と、なってしまいますから。
演技の勉強は全くしていませんでした。稲垣先生が何度もテストしてくださって、優しく優しく指導いただけてなんとかなりました」

その後、大学を卒業した田村亮はスター街道をあえて歩まず、俳優座から分裂した劇団俳小の養成所に入り、ゼロから演技を勉強し直す。

「就職活動もできないまま大学を卒業したもので、どうしようかなと思っていたんです。それで俳小の養成所に行きまして、新たに再出発することにしました。『あ・い・う・え・お』の発声から始まり、体操に音楽も。仕事と並行してやっていたので休む期間も多かったのですが、そこでは『阪妻の息子』ではなくて、みんなと同じスタートラインに立てた。周りから盛り立てられない環境にいる人たちがどういうことをしてきているのかを知ったことが大きい経験になりました。まだ名もないけど、新劇で一生懸命に頑張っている連中と同じ稽古場で同じ汗をかけることが嬉しかったですね」

実相寺映画

70年代は、ＴＢＳ出身の実相寺昭雄監督による前衛的映画『無常』（70年）『哥《うた》』（72年）に相次いで主演している。

田村 亮

「当時は二番目の兄貴がマネージャーをしていて、『お前、実相寺監督って知ってるか？』と聞いてきたんです。『いや、知らない』と答えたところ、『ＴＢＳ出身で変わった映像を作る監督なんだけど、話が来ているんだ。何しろややこしい本だけど、主役だ』と。その『主役』というので監督に会うことにしたんです。喫茶店でお会いして、ものの十分くらいで『ちょっと過酷なロケになるかもしれないけど、やりましょう』というので『お願いします』と答えました。それが最初の『無常』でした。

実際、本当に過酷でしたね。嵐山の小さな旅館で合宿して、朝はメザシ一本と卵、それにご飯とお新香。それをバッとかきこんで、米原の先にある五箇荘までバスで行って夜中までロケして帰って風呂入って寝たら、また六時に叩き起こされてメザシ……。スタッフが『もっと小さなメザシで構わないから、せめて二本出してくれ』って頼んでいました。やはり一本だと寂しいですから。

監督の狙いは二日もすれば読めましたね。この時間の掛け方なら、こういう撮り方をするんだろう、と。濡れ場の演出も他とは違っていましたね。『無常』は近親相姦がテーマでしたが姉弟の濡れ場は台本だと『正夫が寝ている。障子が開いて姉の足が入ってくる。

正夫の方に歩いていく』それだけなんです。普通なら四、五カットで終わると思うんですが、実相寺さんはなんと八十カット以上。月の光で影が揺れたり、彼女の悶える顔とか、足の指の反り返りとか、繋がり関係なく撮っていきました。それで朝までかかったんです。『はい、オッパイの先を噛んで！』と指示された時は驚きましたね。『え、そんなことするんですか』って。そしたら監督、『えっ、亮ちゃん、やったことないの？』って。

その後も含めて三本出させていただきましたが、ウマが合ったということはないです。普通でした。そもそも、僕はあまり監督さんと親しくならないんですよ。それは今も変わりません」

テレビシリーズ『犬神家の一族』（77年・毎日放送）では不気味な覆面を被り、犬神佐《すけ》清《きよ》を演じた。

「あれもしんどかった。ずっとお面を被っていて、田村亮が出てこないんですからね。あれは、覆面の下で喋るから音声さんが声を録れないんです。それで、撮った後で声だけをもう一度録り直していました」

兄弟での共演

正和主演の時代劇シリーズ『乾いて候』（84年・フジテレビ）など、田村三兄弟は共演作で一堂に会することも少なくない。また、90年のドラマ『勝海舟』（日本テレビ）では、主演の正和が撮影途中に病気で倒れ、亮が一部代役している。

田村 亮

「僕と母は一緒に住んでいたので、正月になると兄弟はみんなウチに集合していました。ただ、仕事の話は一切しないですね。演劇論なんて何一つやらない。

だから上手くいってるんじゃないかと思います。お互い、自分の考えてきたものを貶《けな》されたりすると、たとえ兄弟でも穏やかじゃないですから。それがないから和やかでいられたんですよ。

正和兄貴と一番遊びましたね。歳も近いですし。大阪万博も兄貴が車で連れて行ってくれました。ですから、共演する時は照れちゃいますね。『俺はやりにくいけど、正ちゃんはどう？』って聞いたら、正和兄貴も『やりにくいよ』って。

『勝海舟』の時は、僕は最初、山岡鉄舟の役で出ていて、もう撮り終えていたんです。そうしたら正和兄貴が入院して、監督が『若いところはもう撮り終えている。老けたところは正和ちゃんがやりたがっている。その間のところをやってほしいんだ』と。『え、俺の出番もう撮り終えましたでしょ』と言ったら『そこはまた別の人にやってもらう』って。せっかく思い通りの演技ができたのに、ボツなんだ……と少しガッカリしましたが。

それで病院に行きました。大袈裟なやりとりはなかったですよ。病院に行って、『俺に話がきちゃったよ』って言ったら、『あれは時代劇調でやらない方がいい。俺は現代劇的にやったから、まあ適当に頑張ってよ。悪いな』って、そのくらいのものです。

正和兄貴は今、年に一度くらい東映京都で時代劇をやられていますよね。で、僕も『狩矢警部』は京都で撮っている。僕が暇だったらセットを覗きに行ったりするし、楽屋も行きます。長居はしませんけどね。そこでも芸事の話はないです」

兄弟では最後にデビューしたためか、兄たちの活躍を客観的に見つめている部分も見受けられる。

「高廣兄貴は、ちょっと真面目すぎるところがあるように思いますね。一生懸命に入りすぎるから、一寸たりとも狂いのない、非の打ちどころのない芝居をする。けど、僕からするともう少し遊びが欲しいんだ。ちょっと緩むようなゆとりがあってもいいように思うんですよ。親父の追悼公演で高廣兄貴、正和兄貴と三人で『無法松』をやったんですが、座長の高廣兄貴があまりに入り込んで冗談も全く言わないから、周りがみんなピリピリしちゃうんですよ。座長が一か月そうだと、共演者がみんな疲れちゃうんです。

親父と共演した時のことを三國連太郎さんが話してくれたんだけど、カメラは親父の背中越しに三國さんを狙っている。すると、カメラに顔の映らない親父はわざと変な顔して、三國さんを笑わせていたそうです。それで笑ったら、三國さんが監督に怒られる。親父はそういう遊びで和ませていたようです。

ただ、高廣兄貴も正和兄貴も真面目だから、プライベートは決してテレビで見せない。役者はプライベートはなるべく見せない方がいいと思います」

田村 亮

父親も含めた田村一族の中で、田村亮だけが悪役も数多く演じている。

「若い時に『どんな役をやりたい?』と聞かれた時、『「太陽がいっぱい」』。アラン・ドロンの、あの悪をやりたい』と答えていました。瀬戸内か長崎か、その辺の島でできないかなと思いまして。犯罪モノでは、刑事よりも犯人にドラマがあるでしょう。だから、役者としては悪役というのは冥利があるんですよ。ですから、僕はけっこう犯人役をやっています」

新派の舞台にも数多く立ってきた。新派とは泉鏡花や川口松太郎原作の明治・大正時代を舞台にした文芸作品を専らとする劇団だ。

「芝居としては、時代劇の方が嘘が通じるんですよね。明治が舞台だったら『明治の人間はあんなものじゃない』と言う人もいますから。そこが厳しい部分ですね。それでも、自分なりに作っていきます。この役だったら、親父の『王将』の時代の雰囲気だろうなとか、過去の作品を参考にすることもあります」

現状への不満

田村亮はデビュー以降、映画・テレビ・舞台で数多くの時代劇に出演してきた。それだけに、現在の時代劇での若い監督や役者に対して少なからず不満がある。

「時代劇の場合、今は監督さんが勉強しなさすぎる。これはある映画に出た時の話なんですが。僕は田舎の庄屋の役で、板の間の囲炉裏端で何か考えごとをするシーンでね。それで、僕は火箸で炭をいじる芝居でそれを表現しようとしたんです。

するとと監督が『これは夏のシーンだから囲炉裏に火はないんで、炭をいじらないでお茶でも飲んでみよう』って。『ああ、この人は時代劇を知らないんだ』と思いましたね。昔は、夏でも絶対に囲炉裏の火は絶やさないんです。お客さんにお茶を出す時、来てから火をおこして、炭をつけて……なんてやっていたら、帰っちゃいますよ。

時代劇の場合、脚本を直すことがあります。『結婚』じゃなくて『祝言』にしたり。脚本家の作った役の匂いを壊さない程度に、これはおかしいというのは変えていきます。

知った上で、自分なりの工夫をすればいいんです。でも、今の人たちは知らないで工夫してるから、ちょっとそれはないんじゃないか、と思うことがあります。それは時代劇に限ったことではありません。

田村 亮

古典は今や新しい。

たとえば、大事な会議を終えて外に出たら寒かったとします。その場合、『おお寒い』という人もいるだろうし、『襟を立てる』もあるし白い息を出す人もいるでしょう。どの芝居が一番いいというのはありません。でも、その芝居はちょっとないというのはあります。外に出て、つまずいてコケるような芝居です。一人がそういうことをすると、全体のバランスが壊れてしまいます。作品のクオリティを低くしてしまうんです」

映画・テレビ・舞台を通して、田村は何人もの名優たちとの現場も経験してきた。そして、自らも日舞や三味線の技術を身につけている。そのことは自身の芝居観を深める手助けとなってきた。

「共演させていただいた中で特に見事だと感じたのは、山田五十鈴さんです。あの方は崩した感じが得意で、縁側で喋りながら、座る時に着物の裾をちょっと垂らすんです。僕は花道の向こうからその姿を見ていましたが、この姿がとても美しい。その時の目線の落とし方、座り方……おそらく計算だと思います。この方が絵面もいいだろう、という。

あの方は出の前は凄く緊張される方でした。中日が過ぎても、本番前にお付きの人に台本を持ってこさせていました。普通は三、四日で入りますし、入らない人でも一週間くらいは心配で台本を見ていますけど、中日を過ぎてというのは珍しいです。そのくらい緊張されていたんです。

日本には古い名作がたくさんあるんだから、それを観て、学べばいいと思うんです。今は古い芝居をやったら、新しいものになりますよ。みんな知らないから。だから、古い作品から盗んで芝居をすると、今の人には新鮮に見えると思います。

僕が一緒にお芝居をしたかったけど叶わなかった先輩は三人います。一人は三木のり平さん、一人は藤山寛美さん、もう一人は阪妻さん。三人とも素晴らしい役者さんでした。ご一緒したら、何かいろいろなことを教えていただけたんじゃないかと思うんです」

（２０１２年10月30日取材）

田村　亮

風間杜夫

１９４９年４月26日生まれ。東京都出身。子役として活動後、早稲田大学第二文学部（演劇専修）、俳小附属養成所を経て、72年「表現劇場」を旗揚げ。77年よりつかこうへい作品の主軸俳優として人気を博す。82年、映画『蒲田行進曲』で脚光を浴び、日本アカデミー賞最優秀助演男優賞を受賞。83年にも『陽暉楼』『人生劇場』で同最優秀助演男優賞を受賞。同年にはテレビ『スチュワーデス物語』に出演。以来、演劇、映像作品など幅広いジャンルで活躍し受賞歴多数。近年では高座に上がり、玄人はだしの落語を披露している。

子役から学生演劇へ

風間杜夫

風間杜夫の役者としてのキャリアは、子役として始まった。

「これは母親の勧めでした。子供の頃は引っ込み思案といいますか、すぐに親の後に隠れるような、大人しくて内向的な子供だったんです。それを親が心配していまして。ところが、幼稚園の学芸会になると凄くハツラツしていた。その姿を見た友達のお母さんが『お宅のお子さんは劇団に入ったら変わるかもしれない』と。それで、積極的で明るくなれば、ということで児童劇団に入りました」

その後、１９６０年前後に風間は時代劇全盛期の東映京都撮影所で活躍することになる。

「最初は舞台だけの児童劇団にいたのですが、東映が児童演劇研修所を作りまして、これも母親の勧めで応募したところ受かったんです。それで小学校の間は忙しく子役活動をしていました。

東映の太秦では大友柳太朗先生に可愛がられました。大友先生のお宅は京都の御室にありまして、そこへ泊まりによく行っていました。それで、大友先生がうちの母親に『この子を養子にもらいたい』と申し出たらしいです。母親は『一人息子ですから』ということで丁寧にお断りしたんですけどね。

大人になってからロマンポルノに出るようになりましたが、子役時代に映像の演技を経験していたので、それが随分と役に立ちました。初めてカメラの前に立って、自分がどのぐらいのサイズで映っているかとか、どれぐらいの表情の動きでニュアンスが出るかって、なかなか分からないんですよ。僕の場合はそれが自然にできたから、重宝されてロマンポルノには立て続けに出ました」

中学に入って一度役者から離れるが、早稲田大学進学後に学生演劇に身を投じていく。60年代終わりは各大学で学生運動の機運が高まっていた頃で、その反体制運動の一環として学生劇団も活発に活動していた。

「普通の学生生活を送った方がいいという僕自身の判断で、中学一年の夏休み前に児童劇団を辞めました。でも、その時はもう役者になろうと決めていたんですけどね。最初は東映の華やかな時代劇スターに憧れていましたが、周りの友達の影響もあって舞台を観に行くようになってからは、舞台役者がいいと思うようになっていました。

風間杜夫

その頃は60年代後半の第一次小劇場ブームがありまして、寺山修司さんが天井桟敷を、蜷川幸雄さんが現代人劇場を作られていた時代でした。当時は、役者になるにはどこかの養成所に行くという道と、学生演劇に行くという道がありました。高校時代から早稲田の大隈講堂に芝居を観に行っていたんですが、そこの自由舞台という演劇サークルに惹かれまして。なんとしてもここに入りたいと思って、一年浪人して早稲田に入りました。

ただ、当時は第二次早大闘争という学園紛争の最中で、教室もロックアウトされていて。僕の入ったサークルは一年で無くなってしまったんです。そのリーダーが活動家で、芝居なんてやってる場合じゃないということになってしまいましてね。あとは、ただ高田馬場で麻雀を打ってばかりいました。

でも、これじゃいかんということで劇団俳優小劇場という劇団の付属の養成所へ行きまして、大竹まこと、きたろう、斉木しげると出会いまして、彼らと劇団の活動を始めたんです。バイトしながら、多い時は年に五本も六本も芝居を打っていました。テレビに出たいとか、売れたいとか、もっと金を儲けたいとか、そういう欲はありませんでした。ただ芝居をやっていれば幸せ、みたいな。

ただ、僕は結婚が早かったので、役者で食っていけるんだろうか、という不安はよぎるようになっていましたね。でも不安よりワクワクするものが大きかった気がします。人にも作品にも、これから良い形で出会えるだろうという、根拠のない自信がありましたから」

つかこうへいと『蒲田行進曲』

気鋭の演出家・つかこうへいと出会ったのは、そんな頃だった。

「つかさんとの出会いは偶然でした。彼は早稲田の劇団『暫』に入り込んでいて、そこで三浦洋一君、平田満、井上加奈子と芝居をやっていました。その後、つかさんは事務所を作り、『暫』の残党と僕が近づいて、つかさんの戯曲の芝居に客演することになったんです。そんな時につかさんがフラッと現れて、『俺んとこに来いよ』と釣り上げられました。つかさんの所では『熱海殺人事件』とか『蒲田行進曲』とか、七年近くお芝居をしました。言ってみれば第一次つかこうへいブームの時でしたから、あの人との出会いで運命が変わったと思います。

つかさんの舞台には台本がないんですよ。新作の場合、全て口立てなんです。稽古場に役者を集めて、『おい、ちょっと風間出ろ』『平田出ろ』と言ったら、御自分で二人分のセリフを作っていく。僕たちはそれを何回もやりながら覚えていく。最終的には活字になるんですが、一か月の稽古の最後の一週間くらいまで口立てで、場面を作っては壊し、また新しく増やす。そういう繰り返しでした。

ですから、僕も平田も家に帰ってから、その日にどんなセリフを言わされたかをノートに書きました。でも相手のセリフまでは覚えていないから、平田とノートを突き合わせましてね。それでその場面が分かる。そういう稽古でした。

そうしてつかさんは、風間杜夫なら風間杜夫に一番ぴったりなセリフを発想していたように思います。正義感や潔癖感とかいう良いとこばかりじゃなくて、僕の中にある、人を恨むとか、妬むとかいう、いじましい気持ち。それから、正義感も幼児性も、潔癖も。それを全て晒せ、と。『とにかく人間の中にはあらゆるものが詰まっているんだから、それを全部出せ。で、お客さんに判断してもらえ』っていうのが、つかさん流儀の役者観なんです。

役を演じるというよりも、全てを晒してお客に見てもらう。それでいて、それがお客にとっての喜びになるような、客をいい意味で騙す。心地よく騙してやれ、という。つかさんの芝居は、そういうスタイルでした。ですから、何かを啓蒙するとか、教え諭すとか、そういう芝居は一切なかったですね。

そういう鍛えられ方をしていますから、テレビでもどんな芝居でも、役を一色で考えない、自分で勝手に限定しない。人間にはいろんな面があるということを心がけて演じています」

風間杜夫

時代劇黄金期の撮影所を舞台に映画作りに命を賭ける大スターと大部屋俳優との物語を描いた、つかこうへいの人気舞台『蒲田行進曲』は82年に深作欣二監督が映画化している。映画ではスターの「銀ちゃん」を風間が、大部屋俳優の「ヤス」を平田満が演じ、これが大ヒットとなったことで両者の知名度は一気に上がっていく。

「実は、舞台では平田君はヤスを一度もやっていないんですね。僕たちは舞台で二年『蒲田』をやっていましたが、ヤスは東京乾電池から柄本明さんをゲストでお呼びしていました。銀ちゃんも最初の年は加藤健一で、二年目からが僕でした。ただ、平田君もヤスを演じるのは初めてでしたが、つかさんのセリフや世界は体に馴染んでいますから、難なくやれました。

本当は僕らは映画には出る予定は無かったんです。つかさんにも『お前らは誰も出ないぞ』と言われていました。ですから、僕らも関係ないと思っていて。ところがキャスティングが難航して、『つかさん、おたくの役者でいきましょう』と深作さんが申し出て、僕と平田になったようです。

深作さんからは『舞台の通りにやってくれ。それを俺が撮るから』と言われました。それで僕も平田も、映画の現場でこんなに大きな声を出す奴は今までいなかったというくらいの声を出しました。録音部さんが『針が振り切れちゃう』というくらい、テンション高

風間杜夫

くやっています。それから、これは深作さんの作風ですが、一つのカットの中で人間を動かすのが好きなんです。ですから、舞台以上に動き回らせられました。

スターさんは松坂（慶子）さんしかいないんですよね。当初、東映京都のスタッフさんたちには『こんな奴らが来やがって』と温かく迎え入れてもらえず、居心地が悪かった。ですから平田とはいつも撮影所で手を繋いで歩いて『早く帰ろう』と言っていました。

映画に関していえば、成功は深作監督の力だと思います。つかさんは映画の脚本は書いたことないと思うので、シーンが長くて監督も困ったのではないでしょうか。それで台本の場面を入れ替えたり、いろんな箇所に手を入れて映画としての体裁を整えています。舞台の方はもっとエグくて、銀ちゃんとヤスの関係にはサドマゾ的な毒がありました。それを深作監督のセンスで映画としてエンターテインメントにしている。

深作監督は作品を借りてご自分の映画に対する熱い想いを描いていたと思います。こよなく映画を愛している。銀ちゃんもヤスも、大部屋の連中もそうですよね。映画が大好きで、いい映画に出たくて、そのためなら死ねるという。深作さんにも、映画を当てるためなら人が一人死んでも構わないような、そんな熱い想いがありました」

若山富三郎と森繁久彌

風間杜夫は主役に抜擢された82年の映画『蒲田行進曲』の大ヒット以降、テレビや映画の主要キャストに次々と起用されていった。83年の東映正月映画『人生劇場』もその一つで、若山富三郎や松方弘樹を相手に若いヤクザ・宮川を演じている。

「若山先生との出会いは『人生劇場』です。宮川が居酒屋を飛び出した時に若山先生が扮する吉良常にぶつかるシーンから撮影が始まりました。中島貞夫さんが監督でしたが、演技指導は全て若山先生でしたよ。

『風間、お前（の役）は東京のヤクザ者だろうが。ぶつかったら、気ィつけい、と言わんかい』とおっしゃるので、テストの時に先生にぶつかってフと見てから『気ィつけ！』と言ったら、『風間、それは違う。ヤクザ者は体で反応するんだ。そんな間はいらない。ぶつかった瞬間に言うんだ』と。

それからも、若山先生には可愛がってもらいました。テレビで里見浩太朗さんの時代劇とかで京都の撮影所に行く度に、若山先生がいる時は必ず『楽屋に遊びに来い』と声をかけてくださって。映画人として先生が京都で表彰された時は『花のプレゼンター は風間にやらせろ』と指名していただいて、そのためだけに京都に行きましたよ」

80年代半ば、風間は時代劇にも数多く出演している。85年の日本テレビ年末時代劇『忠臣蔵』では浅野内匠頭を演じている。この時の敵役・吉良上野介は森繁久彌だった。

「森繁さんは憧れの人でした。あの方の書かれた本のタイトルが『品と色気と哀愁と』というんですが、それを座右の銘にしたいくらい、慕っていました。

セットの外で森繁さんはじめ共演者の皆さんと談笑していた時、『風間君はセリフを覚

品と色気と哀愁と。

風間杜夫

えてくるのかい』と森繁さんから聞かれたことがありました。『いや、そんな覚えてはきませんね。大体のことは把握していますが』と答えたら『それでいいんだ』と。『セリフなんて覚えてきちゃダメだ。相手役がどういう芝居をするのかとか、現場で感じたことが大事なんだから。なまじキチッと覚えてきて、ちょっと変更されたらできない役者はいっぱいいる。それだったら、その場で動いた方がいい』とおっしゃる。それは怠けるためじゃないんです。本当にその通りだと思って、今でもあまり覚えていかないようにしています。

将来は森繁さんのお歳まで頑張りたいです」

87年のテレビ時代劇シリーズ『銭形平次』（日本テレビ）では、主役の平次役に挑んだ。同作は過去に大川橋蔵がフジテレビで主演、連続八八八回という前人未到の記録を打ち立てていた。

「『忠臣蔵』に出演した時、『風間主演でドラマを』という企画が上がったらしいです。それで『銭形平次』が選ばれたようです。あれはユニオン映画の製作で、東京の日活スタジオを使って撮影していました。東京で時代劇を撮るというのは、あの頃から既に困難でした。ロケできる場所がないんですよ。鎌倉の方まで行って撮っていましたね。

『銭形平次』をやる話が来た時は、大川橋蔵さんの平次に近づきたかった。あの華やかさ、綺麗さが好きだったんです。だから、あれを真似てみたい、と。

時代劇の所作は全て先輩たちの真似ですよ。映画を観ながら、いろんな俳優さんたちの動きを記憶してきましたから。『銭形』の時は推理ものですから、フとひらめいた時の目の芝居に気をつけました。あと、橋蔵さんは座布団に正座して座る時もただ座らずに裾を払ってから座るんですよ。そういう動きを記憶していました。それから、畳の縁は踏まないとか、襖の開け方とか。

一番難しいのは走り方です。現代劇風に走ると時代劇に見えないんです。時代劇ではグッと腰を落として走る。昔の人が本当にそう走ったかは分かりませんが、時代劇にはそういう継承される芝居があるんです」

風間杜夫

落語への挑戦

風間杜夫は舞台・映画・テレビと幅広く活躍してきた。そして近年では、春風亭小朝、立川志の輔といった本職の噺家に交じって落語の高座に上がるようになっている。

「落語をするキッカケは舞台で落語家の役をやったことでした。その時に噺を覚えて、やってみたいという気持ちが芽生えました。

それで噺家以外の人間が落語をするという関西のテレビ番組で笑福亭鶴瓶師匠が声をかけてくださって、二十分ぐらいの短い噺をしたら『上手いやないか、風間君』と褒められまして。それからいろんな方に声をかけていただけるようになりました。本格的に人前でやったのは立川談春さんの紀伊國屋ホールでの独演会からでした。『風間さん、前座で出ませんか』ということで。

どこにも入門していない自己流なのですが、古典に対する敬愛があるので、噺を崩さない、いじくらないということを僕なりの礼儀にしています。もちろん、噺の枕というのは自分で作らなきゃいけないいんですけど。そういう落語に対する姿勢を周りの師匠方は『いいですよ、風間さん。それをそのままやってください。落語の宣伝になりますから』と温かく迎えていただいています。

それから、小朝師匠も志の輔師匠も皆さん同じようなことをおっしゃるのですが、噺の中に出てくる人物を演じ分けない、一つの役を際立たせるようなことはしない、と。あくまでもガイドといいますか、お客さんに想像してもらう世界だ、と。僕もそうなんですが、俳優さんが落語をやると、とかく演じすぎちゃうんです。

落語から教わったのは『セリフに表情を持たせる』ということです。演じるキャラクターなりの音をセリフの中に出す。そういうことを意識的に考えるようになりました。

風間杜夫

地方に行くと大きな劇場があって、席によっては俳優の表情がほとんど見えません。舞台は映画やテレビと違ってアップが利きませんから、お客さんに心の動きを見せるためには、セリフにも表情がないと伝わらないんですよ。

落語が一番いいのは、演出もキャスティングもみんな一人でできることです。掛け合いも、役者同士でやったら、タイプの違う相手の場合は間の取り方が違ってきますよね。落語なら、その全てを一人でできる。リズムも運び方も、一人で決められるんです」

『夜光の階段』（83年）『書道教授』（95年）『影の車』（01年・いずれもＴＢＳ）といった

セリフにも、表情がある。

松本清張原作のサスペンスドラマや、『夢のあとさき』（85年）『性的犯罪』（82年）といった読売テレビの鶴橋康夫監督と組んでのテレビドラマをはじめ、風間は凛々しいルックスの裏側に人間の弱さやドロドロした汚さを表現するのに長けている。

「僕自身と全くかけ離れた役を演じているつもりは一度もなかったというのが持論としてあります。松本清張のドラマも随分やりまして、女の人を騙したり、殺したり、埋めたり……という卑屈な男もやりました。でも、それは僕とかけ離れた人間ではない気がしています。

ホン（台本）を読む時は『ああ、この人間のこの部分は俺にあるな』とか『これはよく分かる』というところを探っていきます。そうすると、いくつかあるんですよ。そこを拡大して注ぎ込む。ですから、どの役も僕の分身なんです。

俳優にとって一番必要なことは、どんなつまらないことでも記憶していくということだと思います。それも、ただ事実を覚えておくんじゃなくて、『こんなシチュエーションで俺はこんな気持ちになった』とか、『こんな風に俺はこの人を眺めた』とか、対人関係でも、対物でも、そういうことをいっぱい記憶しておくと、いろんな役に出会った時に結構役に立つんですよ。『ああ、これと似たような感情はあの時にあったな』とかね。

ですから第一に考えたいのは、役が魅力的に書かれているかどうかです。主役なのか、準主役なのか、脇役なのかということよりも、書かれている人間が演じ甲斐があるというか、僕を惹きつけるものがあるかないかを大事にしています」

（2014年3月28日取材）

風間杜夫

草刈正雄

1952年9月5日生まれ。福岡県出身。70年、資生堂の男性化粧品ブランド「MG5」の広告でモデルとして衝撃的なデビューを飾る。モデルを経て、野中マリ子の俳優養成所「野中塾」で演技を学び、俳優に転向。74年に『卑弥呼』で映画デビュー。同年、『神田川』、『青葉繁れる』、『沖田総司』などの東宝作品に次々に主演、一躍スターダムに上り詰める。他の出演作に『病院坂の首縊りの家』(79年)、『復活の日』(80年)など。コミカルな演技も得意とし、演技の幅は広い。90年代に入ってからはミュージカルなど舞台にも活躍の場を広げている。

草刈正雄

モデルから俳優へ

今でこそモデル出身の俳優は数多いが、草刈正雄はその先駆的な存在だった。１９７０年代初頭、資生堂の男性用化粧品「ＭＧ５」のテレビＣＭでは端正な容姿もあいまって、人気を博している。

「モデルの仕事は僕には合ってないと思いました。よく動けなくてカメラマンに叱られていたんです。そんな時にＭＧ５のテレビコマーシャルが決まりまして、ここで芝居がかったことを要求されたんです。カメラテストをするから、と。『バス停で前に並んでいる女の子にちょっかいをかけろ』って言われて、いろいろと変な芝居をした記憶があります。そうやって自分で考えられるというのが面白くて、これならできると、目覚めましたね」

74年に篠田正浩監督の映画『卑弥呼』で岩下志麻の相手役に抜擢されて本格的に俳優としての道をスタートする。

「十九歳の時に高崎で交通事故を起こしまして、一か月ほど仕事を全て辞めたんです。病院の近くに下宿して被害者の方のお見舞いをしていました。それを週刊誌が美談として取り上げてくださいまして。篠田監督はそれを読んで僕に決めたとおっしゃっていました。『卑弥呼』は、映画の内容はさっぱり分からなくて、もう真っ白でした。ですから、まったく監督に動かされるままやっていました。頭がガチガチで。アテレコの時はセリフがなかなか上手く言えず、よく怒られました。

僕は俳優として基礎的なことをしてこなかった。それが今でもコンプレックスになっています。きっちりとした芝居のバックグラウンドがない。そのために、この歳になってもいろいろと落ち込んでしまいます。

舞台をやるようになってから声を出せるようになったんですが、その前までは自分でも何を言っているか分からないくらいボソボソとセリフを言っている映画が多かった気がします。本当に自信がなかったんですよ。

自分の出演した作品は一切見ません。見ると、落ち込む。そうなると前に進めなくなります。反省ばかりでどんどん後ろ向きになってしまうので」

映画デビュー後の草刈は『神田川』（74年）『青葉繁れる』（74年）『エスパイ』（74年）『がんばれ！若大将』（75年）と、東宝の映画作品に次々と主演、瞬く間にトップスターになっていく。

「『神田川』は岩下さんのマネージャーが僕を東宝に推薦してくれたんです。これも、人のめぐり合わせですね。それから東宝が可愛がってくれて、立て続けに出させてもらいました。もちろんプレッシャーもありましたが、与えられた仕事を一生懸命やるしかない。それだけでしたね。

『青葉繁れる』は岡本喜八監督で、楽しい仕事でした。監督もそういう雰囲気を作ってくださいましたし、同じ世代の若者たちと共演するのも初めてでしたから。仙台に行ったり、ロケーションもたっぷりあって楽しかった。

『がんばれ！若大将』は、僕が加山（雄三）さんの大ファンで『ああいう大学生になりたい』と思っていましたが、やるなら現代風の若大将をやりたいとマネージャーには伝えました。僕がそのまま僕らしくやるような若大将をね。でも、それは却下されましたね。みんなが期待しているのは従来の若大将だということで」

草刈正雄

コミカルへの挑戦

同じく東宝で作られた映画『沖田総司』（74年）では主人公の沖田総司を演じ、時代劇に初挑戦している。それまでの沖田はか細いイメージで演じられることが多かったが、ここでの草刈は野原を駆け回る野生児のような沖田を演じた。

「『沖田総司』は、まさか自分がそういう役をやれるとは思いませんでしたね。こういう顔をしていますから、時代劇の話は絶対にないと思っていたんです。ですから、最初は凄く不安でした。ところが、後でラッシュを見たらあまり違和感を感じなかった。それでホッとしました。

立ち回りでは傷だらけになって大変でした。河原の石ころの上でも裸足に近い格好で歩くわけですから。怖いものしらずで走り回って殺陣をやりました。殺陣に関しては、道場に通っていました。沖田の天然理心流は使う剣が太い木刀みたいなものなので、それを素振りしましたよ。

この一年後に今度はテレビドラマで沖田の役をやっています。沖田には実は因縁めいたものがありました。角川春樹さんが信心深い人で、前世を見られる方と知り合いだというんです。それである時『お前の前世を見てもらったよ。沖田総司だ』と言うんです。二回もやるというのは、何かそういう縁もあるんですかね」

77年のテレビシリーズ『華麗なる刑事』(フジテレビ)での田中邦衛との刑事コンビや、78年の映画『病院坂の首縊りの家』での石坂浩二扮する金田一耕助の助手役では、コミカルな魅力を発揮している。

草刈正雄

「二枚目」を崩したかった。

「デビューしてからずっと正統派の二枚目を演じてきたのですが、それに対する抵抗がありました。ちょっと崩した役をやりたい欲求が湧き出てきたんです。勝（新太郎）さんやショーケン（萩原健一）さんの芝居に憧れまして。びっくりしたし、勉強もさせてもらいました。崩したい崩したい。それればかりでしたね。とにかく『二枚目』と言われるのが嫌で、崩したかった。

そんな時に映画『火の鳥』に出て、市川崑監督から『君はコミカルな役が向いているんじゃないか』と言われました。それで『病院坂〜』で僕のために原作にない役を作ってくれて。こちらも思い切ってやれました。

『華麗なる刑事』も、最初は僕がロス帰りのエリート刑事で邦衛さんは鹿児島出身のイモっぽい刑事という設定だったんですが、邦さんのファンでもありますし、一緒に芝居して楽しかったので、僕が段々と邦さん寄りのダサい刑事になっていきましてね。プロデューサーは泣いていたと思います。二人で面白いことをやろうとしているうちに、自然とそうなっていきました。

邦さんには僕の方から『こうしませんか』と提案していきました。あの大俳優が顔色一つ変えずに一緒にやってくれたことには今でも感謝しています。あまりズレていた時は『おい、正雄。これは違うんじゃないか』と言われる時もありましたが」

超大作『復活の日』

草刈は80年に公開された角川春樹製作・深作欣二監督による超大作映画『復活の日』の主演に起用されている。南極にいるわずかな研究者たちを残し、人類が細菌兵器により死に絶えるという壮大なSF作品だ。多額の予算が組まれ、南極、カナダ、アンデスといった世界各地で大々的なロケ撮影が敢行されるなど、邦画史上でも類を見ないスケールの映画となった。

草刈正雄

「南極に行く時は、ドレーク海峡の波が物凄くて。立っていると吐いちゃうんですよ。ですから、ずっと寝ていないといけなかった。波が収まって甲板に出ると、僕ら撮影隊が寝泊まりする船に、チリの軍艦と潜水艦が併走していました。それを見たら、凄いことをしているんだなと実感できましたね。

アンデスでは僕の乗ったヘリが墜ちたことがありました。山の上でね。水平飛行で七～八メートル飛んで、これから上がろうとしたらヘタヘタッと墜ちたんです。その時は無傷で済みましたが、あと何秒か飛んでいたら何千メートル下に墜ちていたということになりますから、本当に危なかった。その時、僕は役の扮装でボロボロの格好をしていました。それだと捜索隊が来ても無視されていたんじゃないかと思えて。そんな状況なのに大笑いしてしまいました」

『復活の日』にはアカデミー賞俳優のジョージ・ケネディや西部劇で鳴らしたチャック・コナーズ、ロバート・ボーン、ヘンリー・シルバ、『ロミオとジュリエット』のジュリエット役でアイドル的人気となったオリビア・ハッセー、アクション映画に数多く出演してきたボー・スヴェンソンといった錚々たる外国人俳優陣もハリウッドから参加している。

「深作監督は僕の背が低いように見せたかったらしくて、周りは背の高い外国人ばかり配置したようなんです。たしかに迫力がありました。ただ、圧倒されているばかりでは仕事になりませんから。

　オリビアさんとのラブシーンでは深作監督は五十回くらいテイクを撮りました。こちらもアガっているんですよ。オリビアさんは文句を言わずに付き合ってくれて、ありがたかった。

　ボーさんとは長いこと一緒にいました。印象的だったのは、ワシントンのポトマック河に潜るシーンですね。製作側は本当の川を潜ってほしがったのですが、ボーさんはダメだ、と。ここはプールに潜ると契約書にあるから、その通りにしてほしいということでした。ここは流れが早いから危ないという声もありましたし。それでも、僕らは監督にやれと言われれば潜ります。でも、彼らはそうじゃない。それで撮影を中止して帰ることになりました。ボーさん、帰りの車で『映画を愛する気持ちは僕らもあなたたちも同じだ。でも、やっぱりルールがあるんだ』と話してくれましたね。

　全ての撮影を終えてラッシュで見たら、アメリカ人のシーンと日本人のシーンのあまりの芝居の違いに、しばらく落ち込みました。全く違う映画に見えた。とにかく、芝居をしているかどうなのか分からないくらい彼らの演技はリアルなんですよ。

　僕らはフィルムがもったいないというのもあって、テンションを上げて『よーい、スタート』となったらパッと始めるんですが、向こうの人は監督の『スタート』がかかっても芝居をやらないんです。時間が経ってから、やおら動き始める。役者って『スタート』と言われても本当はすぐに切り替えられるものではありません。そのため、彼らは自分のタイミングで演じている。たえず中心に俳優がいる。本来はそういうものだと思います。画の中では俳優が中心じゃないと。

両者の違いをしばらく引きずってしまいましてね。それを励ましてくれたのが、夏八木勲さんでした。南極ロケでの日本人俳優は僕ら二人だけでしたが、本当に面倒を見てもらいました。僕が『彼らとは芝居が違いますよね』と言ったりすると『そうだなあ』と、どっちがどうのって批判するわけでもなく、横にいてずっと聞いてくれる。

夏八木さんは、僕が何かにぶつかった時、いつも的確に励ましてくれるんです。撮影後も、ちょっと仕事の音沙汰がなかったりすると電話をかけてきていただいて『お前、元気なのか?』って言ってくれた。人に対する思いやりが素晴らしくて、余計なことは喋らなくて、めちゃめちゃダンディで……生き方のカッコいい先輩でした」

『復活の日』の後には、角川春樹自らが監督した映画『汚れた英雄』（82年）に主演、オートバイレーサー役を演じた。

「『復活の日』の南極での撮影の帰り、角川さんから『正雄、こんど大藪春彦フェアをやるので、「傭兵たちの挽歌」という作品を読んでいてくれ』と言われたんです。でも僕は『汚れた英雄』をやりたくて。そう頼んだら『あれは徳間書店でやるみたいなんだ』と。ところがしばらくして、角川さんから電話がありましてね。『「汚れた英雄」やりたがっていたけど、まだやる気あるか?』と聞いてくるんですよ。もちろん『あります』と答えたら、『じゃあ、やろう』ということになったんです。その間に権利を使えるようにしたんですね。

ただ、あれは原作の通りに撮ったらヨーロッパロケで大変な予算がかかる、と。それほど金はかけられない分、監督は僕が決めていいことになったんです。『汚れた英雄』は男と女の話ですから、それならTBSの鴨下信一ディレクターがピッタリだと思いました。で、鴨下さんとお会いしたら、物理的に難しいということになりまして。それでどうしようかと思っている時に、角川さんが『俺がやる』と。僕も、面白いと思いました。

現場での角川さんは怖かったですね。最初の監督作品というのもあってピリピリしていて、よく怒られました。自分のイメージと少しでも違う動きがあると、気になるんでしょうね。でも、これは僕がやりたかった企画でもありますから。

レースシーンを撮るために、練習にも行きました。勝野洋さんと二人で、押しがけでマシンに乗れるまで、ずっと練習したんですよ」

草刈正雄

時代劇とミュージカル

85年のＮＨＫの大型時代劇シリーズ『真田太平記』では、真田幸村を演じた。

「共演者に恵まれて、楽しい仕事をさせてもらった作品です。渡瀬恒彦さんの演じるお兄さんは現代に通じる、結構クールな人間で、弟の幸村は義理人情に弱い、日本人が好きなタイプの役回りでした。これが日本人の心だという意識で、楽しんで演じています。

時代劇は僕自身が好きですね。お芝居をしている感じがあるので。それに、こういう顔をしているから時代劇は無理だと思っていたのに違和感がなかったのは、やはり僕も日本人なんですよ。顔形はこうだけど『心は日本人なんだ』と思えるんです。

でも、『復活の日』で外国人の中に入ってみると、僕の顔は全くの日本人に見えるんですよね。これもビックリしました」

デビュー以来、70年代・80年代と映画・テレビドラマの主役として駆け抜けてきた草刈正雄は90年代に入ってから舞台にも活躍の場を広げる。特にミュージカルでは圧倒的な存在感を見せつけ、『キャバレー』『マイ・フェア・レディ』などの名作に次々と出演してきた。

「若尾文子さんとテレビドラマでご一緒した際に『あなた、たっぱもあるし舞台をやったらいいんじゃないの?』と勧められたんです。でも、舞台ってそれこそ三時間ワンカット、NGなしですからね。僕には怖かった。

ただ、その頃はフィルムの仕事が少なくなってきた時期で、とにかく何かに挑戦してみようと思っていまして。それで日生劇場の『ドラキュラ』という芝居に出ることになりました。

その時、演出家の方に『正雄は発声の勉強をしなさい』と言われ、初めて訓練したんです。それからフィルムでも声を出せるようになりました。いい意味での自信がつきましたよ。

舞台が楽しいのは、周りの人との関係がより密になれることです。基本的にカンパニーなんですよ。あと、ライブということも大きい。お客さんが目の前にいるというのは恐怖なのと同時に、フィルムでは味わえないアドレナリンが出てきます」

舞台では、さらにミュージカルへと活躍の場を広げた。

「最初のミュージカルは『ジョージの恋人』という、とてつもなく音楽が難しい劇でした。作曲家が難しい音を作ることで有名な人で、もうメチャクチャなんです。こちらは簡単に受けちゃったんですよね。台本も読まない、音楽も聴かないで。それで、『うわあ、こんなのできるわけない』と思いました。でも、引き受けたからにはやらなきゃということで、一年がかりで必死に練習しました。

とにかく自分でやるしかない。もう何度も聴き倒して、聴き倒して。テープデッキが三、四個ボコボコになりました。

音楽は好きだったんです。でも、それとミュージカルは異質のことですから。歌うのは楽しみで歌うから、楽しい。でも、ミュージカルは苦しみだけです。普通の歌じゃないんです。それに、自分で出すレコードというのは自分の好みが反映されていますが、ミュージカルの歌はあらかじめできたものでもありますよね。

ミュージカルはやるもんじゃなくて観るもんだと思いますよ。芝居、踊り、歌、芸能の全てがあるから達成感はありますが、その分、大変ですから」

草刈正雄

悪役と脇役

90年代以降の草刈は、NHK大河ドラマ『花の乱』（94年）『毛利元就』（97年）での野心的な悪役やテレビ朝日のドラマ『南くんの恋人』（94年）『イグアナの娘』（96年）でのヒロインの父親役など、脇に回って幅広い役柄を演じ、新たな魅力を発揮してきた。

「若い頃に求められた二枚目ではない、そこから離れた役を演じることに興味があるんですよ。悪役も、コミカルな役も、そそられるんです。どんな方でも、主役が難しくなってくる時期が来ます。僕にもその分かれ目がありました。でも、この仕事を続けていくしかないわけです。

主役から脇に回る境目の時は苦しみました。いつもなら僕に来るはずの役が違う人に行ってしまっていましたから。でも、それが過ぎると今までと違った役も来るようになる。その時に自分の精神的なコントロールがつき出してきたことで、苦しみから抜け出せました。

主役をしている時は全てを背負っている意識があって、身動きできませんでした。それが脇に回ると楽しめそうな、弾けそうな気がして、いろいろと新たに発見することもあります。

とにかく自分が楽しんでいないと、見る人も楽しめない。そう思ってやっていますが、なかなか楽しめないんですよね。大滝秀治さんも『僕は仕事を楽しんだことはない。苦しみだけだ』とおっしゃっていましたが、それがよく分かります。俳優座の楽屋裏で大滝さんがお祈りしている写真を見たことがありますが、『ああ、俺と一緒だ。みんな苦しんでいるんだ』と思いました。僕も舞台に出る前はお祈りをしていますが『ああいう立派な俳優さんでも、そうなんだ』と。役者として食っていけるのか、この歳になっても自信を喪失することがあります」

（2013年9月3日取材）

仕事は苦しいものだから、祈る。

草刈正雄

おわりに

本書は『週刊ポスト』の連載「役者は言葉でできている」を大幅に加筆して書籍化した一冊だ。

それにしても、つくづく感慨深いものがある。というのも、つい五年前まで筆者は「役者のインタビューはしない」ことを旨としていたからだ。撮影所のスタッフなど、裏方への取材に基づきながら執筆することを第一に考えて仕事を続けてきた身には、役者のいる「表側」は華やかな別世界であり、「面白いエピソード」は得られるかもしれないが、とうてい共感を抱くことはできないと考えていた。

その考えが一変したのが、２０１０年末のこと。『週刊ＳＰＡ！』から役所広司さんへのインタビュー依頼が来たのだ。自身の方針に則り一度は断ったものの「何を聞いても構わない」という担当編集者の言葉に乗った。その年、筆者がお世話になってきたプロダクション「映像京都」が解散しており、役所さんは新人時代からそこで作られる時代劇に多く出演してきた。役所さんは今回の件をどう思い、そして彼らとどのような日々を過ごしてきたのかを知りたかったのだ。

その結果、分かったのは、役者は裏方と別世界にいるのでは決してなく、お互いに一つのチームを形成して作品作りに臨んでいるということだった。それならば、映画作りの裏側を知る上での「時代の証言者」として、役者たちの話も取材しておく必要があるのではないかと思えてきた。その時、「役者のインタビューはしない」というポリシーは捨てた。

そして、「はじめに」で述べた「三國連太郎さんとの六分間」を経て、筆者が臨んだのが仲代達矢さんへの取材だった。幾多の名監督・名優たちとの撮影現場に重要な役どころで参加してきた仲代さんは、「戦後日本映画史における最大の生き証人」だと思えたからだ。計十回、二十時間近いインタビューを通して、彼が見て感じてきた往時の人間模様は手に取るように理解することができた。

が、それだけではない。仲代さんの言葉にはいつも、いかに仕事を選び、いかにお金を稼ぎ、そしていかに生き抜いていくか……、そんな生々しさが通底していた。それは、アーティストやスターといった、一般の人間からかけ離れた世界に暮らす人間の言葉ではなかった。我々と何ら変わらない、一人の職業人としての言葉だったのだ。経験してきた現場や見てきた光景は途方もない世界だが、そこで感じていた悩み、苦しみ、怒り、喜びはとても共感できるものであった。そして、その先に辿り着いた境地の数々はとても含蓄に富んでおり、筆者が生きていく上での大きな指針を与えられた気がした。長いこと最前線を戦い抜いてきた役者は、時代の証言者たり得ると同時に、人生の道標にもなり得る——。

そう思った時、仲代さんだけではなく、筆者が愛してやまないできたベテラン役者たちの話を聞いてみたくてたまらなくなっていた。作品の裏話だけではない。彼らがどんな想いで役者という稼業を続けてきたのか、そしてなぜ続けられたのか。そこに、自分自身がこれから生き抜いていくためのヒントがあるように思えたからだ。

考えてみると、そうした役者たちの芸談や人生論をガッチリ語ったインタビューというのは、これまであまりなかったということに気づいた。それなら、自分の手でやるしかない。だが、相手は「芸能人」。個人で取材を進めるには限界がある——。

そう思っていた矢先、「週刊ポスト」編集部の山内健太郎氏から同誌の連載に関する依頼があった。筆者はすぐさま「ベテラン俳優へのインタビューがしたい」と提案した。幸いにも山内氏には快諾してもらえた。こうして始まった連載が、「役者は言葉でできている」だ。

筆者はすぐさま「この人に話を聞いてみたい」という役者を百名近くリストアップ、そこから順番に依頼を出していくことになった。そして平泉成さんを皮切りに、「会いたい」

ことになった。

「お話をうかがいたい」と思ったベテラン俳優たちに次々とインタビューさせていただく
　インタビューは毎回、九十〜百二十分。役者人生のスタートから現在までをたっぷり聞くことができている。ありがたかったのは、若輩者の聞き手に対して、誰一人として気難しかったり高慢だったり傲慢だったり……という態度をとることはなく、筆者の拙い質問に対して懇切丁寧にお話をしていただけたことだ。

　語られる撮影秘話はもちろんのこと、「なぜ役者になろうと思ったのか」に始まる彼らの仕事論は、それぞれに十人十色の価値観であったが、その全てがこちらの予想していた以上に熱く、人間臭く、そして示唆に富んだものだった。毎回が新しい発見の連続で、ただの取材を通り越して、一つの人生勉強になっていった。この興奮を、早く読者に伝えて分かち合いたい。インタビューが終わる度、いつもそんな気持ちでいっぱいだった。とにかく多くの人に彼らの想いを知ってもらい、生きていく勇気にしてもらいたい。その一心で取材と執筆を進めてきた。

　そうした、十六名の役者と、それを受け止めてきた筆者の想いが詰まったインタビューを、今回こうして一冊の本としてまとめることができた。

　残念ながら、夏八木勲さんと蟹江敬三さんは、これが生涯で最後のロングインタビューとなってしまった。また、リストアップしていながら、間に合わなかった役者も少なくない。時間には限りがある。だからこそ、これからもっともっといろんな役者さんのお話を聞いていきたい。そして、一つでも多くの言葉を読者に届けていきたい。

最後に、お忙しい中、長い時間を割いていただき、インタビューに応じてくださった皆様に、改めて御礼を申し上げます。皆様と過ごさせていただきました、この上なく贅沢で、豊潤な時間は、一生の宝物になりました。

二〇一五年一月

取材協力／ケイファクトリー、
スティルパートナーズ、境事務所、
クロスポイント、プロデュース&Co．、
シーズ・マネージメント、
マーレ、マエダ企画、グリーンランド、
杉友、S&A企画、綿帽子、
オフィス斬、YST、オフィスカザマ、
バービィオフィス

春日太一（かすが・たいち）
1977年、東京都生まれ。映画史・時代劇研究家。日本大学大学院博士後期課程修了（芸術学博士）。著書に『天才 勝新太郎』（文春新書）、『時代劇は死なず！』（河出文庫）、『仲代達矢が語る日本映画黄金時代』（PHP新書）『あかんやつら 東映京都撮影所血風録』（文藝春秋刊）、『なぜ時代劇は滅びるのか』（新潮新書）ほか。

役者は一日にしてならず

二〇一五年二月二八日　初版第一刷発行

著　者　春日太一
発行者　森 万紀子
発行所　株式会社 小学館
〒一〇一-八〇〇一
東京都千代田区一ツ橋二-三-一
電話　編集　〇三-三二三〇-五九六八
　　　販売　〇三-五二八一-三五五五

印刷　凸版印刷株式会社
製本　株式会社若林製本工場

造本には十分注意しておりますが、印刷、製本など製造上の不備がございましたら「制作局コールセンター」（フリーダイヤル〇一二〇-三三六-三四〇）にご連絡ください。（電話受付は、土・日・祝休日を除く 九時三〇分～十七時三〇分です）

ISBN 978-4-09-379869-3